D1857155

Zeit für Zeitpolitik

Deutsche
Gesellschaft für
Zeitpolitik

Zeit für Zeitpolitik

Atlantik Verlag

Bibliographische Informationen Der Deutschen Bibliothek
Die Deutsche Bibliothek verzeichnet diese Publikation in der Deutschen Nationalbibliographie; detaillierte bibliographische Daten sind im Internet unter http://dnb.ddb.de abrufbar.

© Deutsche Gesellschaft für Zeitpolitik
© Umschlagfoto: Babette Kirner

© für die deutschsprachige Ausgabe:
Atlantik Verlags- und Mediengesellschaft
Elsflether Str. 29
28219 Bremen
www.atlantik-verlag.de

1. Auflage: Oktober 2003

Alle Rechte vorbehalten.

Gestaltung Cover auf der Grundlage einer Fotografie von Babette Kirner.
Gestaltung Rückcover auf der Grundlage einer Zeichnung von Wilhelm Busch.

Redaktion:	Ellen Kirner und Mitglieder des Vorstandes der DGfZP
Gestaltung:	Atlantik Verlag
Gesamtherstellung:	Roland Kofski, Bremen

ISBN 3-926529-38-5

Inhalt

Vorwort

Am 27. Oktober 2002 wurde in Berlin die „Deutsche Gesellschaft für Zeitpolitik" (DGfZP) gegründet. Sie hat das Ziel, zu lebensfreundlichem Ausgleich zwischen Be- und Entschleunigung, zur Nachhaltigkeit von Alltagszeiten beizutragen, sie entwirft Modelle von individueller und kollektiver Zeit-Souveränität. Sie möchte Zukunftsfähigkeit befördern, schlägt Spiel-Räume für vertiefende Analysearbeit und Zieldebatten vor und macht alternative zeitpolitische Gestaltungsvorschläge.

Gründungsmitglieder der „Gesellschaft für Zeitpolitik" sind prominente Wissenschaftler/-innen aus zahlreichen sozial- und naturwissenschaftlichen Fachgebieten, die sich mit Zeitpolitik und Zeitforschung beschäftigen, sowie an wissenschaftlichen Erkenntnissen interessierte Personen aus Zivilgesellschaft, Kirchen, Wirtschaft und Politik aus Deutschland und den Nachbarländern. Kontakte bestehen zu zeitpolitischen Forschungszentren und Gestaltungsprojekten in Europa - so zu „Pianoforte" und dem „LabSat" in Italien, „Zeit und Mensch AG" in der Schweiz und der europäischen Assoziation „Excellence Territoriale en Europe" in Paris.

In der praktischen Arbeit dieser neuen Vereinigung werden wissenschaftliche Erkenntnisse auf den Gebieten der alltäglichen Zeitgestaltung für öffentliche Auseinandersetzungen und politische Entscheidungsprozesse nutzbar gemacht. So hat die DGfZP bereits fundiert und kritisch zu dem neuen - und mittlerweile zurückgenommenen - Tarifsystem der Deutschen Bahn AG Stellung genommen. Sie brachte in die Auseinandersetzung um den Ladenschluss sozialwissenschaftliche Erkenntnisse ein. Aber auch Fragen der Vereinbarkeit von Arbeitszeiten mit Lebensbedürfnissen („work-life-balance"), der Zeiten der Sorge und Pflege, der ökologischen Bedingungen der Zeitgestaltung, der besonderen zeitlich-räumlichen Anforderungen etwa Jugendlicher oder älterer Personen kennzeichnen das Tätigkeitsspektrum der DGfZP.

In diesem Band legt die DGfZP die Beiträge zum Gründungs-kongress in Berlin-Schwanenwerder im Oktober 2002 vor. Es geht uns dabei natürlich nicht um die Dokumentation eines vereinsrechtlichen Vorgangs - nein: das

Bändchen soll Interessierten und der Öffentlichkeit das „Profil" der neuen Vereinigung anschaulich machen. Dabei wurde darauf verzichtet, die Beiträge inhaltlich zu „harmonisieren". Denn die DGfZP steht einer Vielzahl unterschiedlicher gegenständlicher Interessen und Positionen offen. Je nachdem ob die Ökologie der Zeit, die lokale Zeitpolitik, der Zusammenhang von Alltag und Geschlechterverhältnis, die raum-zeitlichen Lebensbedingungen von Kindern, die Zeitkultur in Politik, Wirtschaft und Gesellschaft im Vordergrund stehen, werden daraus unterschiedliche - und zum Teil durchaus auch konfligierende - gestalterische Optionen folgen. Gemeinsam ist den hier vorgestellten Ansätzen und Perspektiven aber, dass alle für eine angemessenere „Zeitpolitik" plädieren: d. h. für einen bewussten und demokratischen Umgang mit der Ressource und dem kulturellen Medium Zeit.

Zeitpolitik hat immer zwei Seiten. Sie setzt sich kritisch mit vorherrschenden zeitlichen Mustern und Normen auseinander. Sie macht aber auch Alternativen zu diesen vorherrschenden Mustern und Normen geltend und praktiziert diese beispielhaft. Dementsprechend hat auch dieser kleine Band zwei Teile: Der erste gilt den herrschenden „Zeitzuständen", der zweite den Ansätzen und Perspektiven der „Zeitpolitik". Einig sind sich die Autor/-innen darin, dass nur beide Seiten zusammen Zeitpolitik glaubwürdig und durchsetzungsfähig machen.

Dieser Band wäre nicht möglich gewesen ohne die Unterstützung des Sozialwissenschaftlichen Instituts der EKD und der Evangelischen Akademie zu Berlin bei der Durchführung der Tagung „ZeitGestalten", gedankt sei dafür besonders Herrn Dr. Michael Hartmann. Die konzeptionelle Regie für die Gründungsversammlung lag bei Dr. Jürgen P. Rinderspacher. Besonderen Dank schuldet die DGfZP ihrem Mitglied Frau Dr. Ellen Kirner, die die Beiträge zum vorliegenden Band mit den Autor/-innen koordiniert und redigiert hat.

Wir hoffen, dass der Band ein Bild davon abgibt, was Zeitpolitik in einer modernen Gesellschaft ist und sein sollte. Vielleicht erhöht er das Interesse an der Arbeit der DGfZP und ermutigt manche Leser/-innen sogar zur Mitarbeit. Tätigkeitsbereiche und Ansprechpartner/-innen der DGfZP finden sich in der kurzen Information am Ende dieses Buches.

Hamburg/Bochum, August 2003
Für den Vorstand der DGfZP:

ULRICH MÜCKENBERGER
JÜRGEN P. RINDERSPACHER

Erster Teil

ZEITZUSTÄNDE

Ansichten und Kritiken

»Alles, Lucilius, gehört anderen mit, nur die *Zeit* gehört uns. Dieses flüchtige, so leicht entgleitende Ding, dieser einzige Besitz, den uns die Natur gegegen hat: gerade aus dem lassen wir uns von jedem Beliebigen vertreiben. Ja, so groß ist die menschliche Torheit, dass man sich das Geringfügigste und Wertloseste, das doch am ehesten ersetzbar ist, als Schuld anrechnen lässt, wenn man es von anderen erlangt hat; hingegen glaubt niemand, etwas schuldig zu sein, wenn er *Zeit* erhalten hat. Dabei ist sie doch das einzige, das auch der Dankbare nicht zurückgeben kann.«

(Seneca, 4 v. Chr. – 65 n. Chr.)

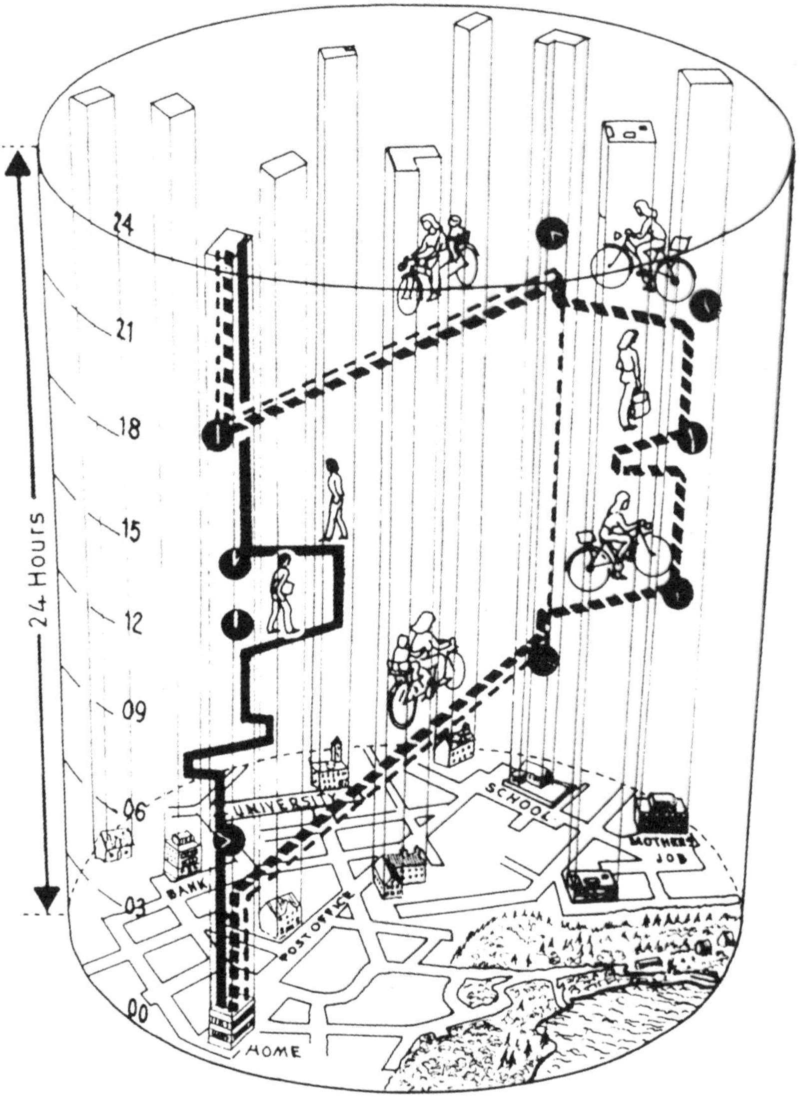

Zeitgeographie: Die Kunst der Alltagsorganisation, in der Horizontalen die Raumdimension, in der Vertikalen die Zeitdimension.

Karlheinz A. Geißler*

Das Unbehagen mit der Zeitkultur.

Es muss im Leben mehr als Eile geben

Wir haben die Zeit im Griff. Auf Nanosekunden genau arbeiten die Geräte und die Instrumente, und manchmal leben wir sogar so. Wir sparen fleißig Zeit und tun alles, um aus der gesparten Zeit dann Geld zu machen. Jene, die dies nicht so richtig hinbekommen, werden in Zeitmanagementseminare geschickt und müssen sich anschließend ein ausgefeiltes Zeitplansystem und einen Wecker mit elektronisch gesteuertem Zeitsignal zulegen. Wenn auch das nicht hilft, testet man die vielfältigen Mittel der sozialen Ausgrenzung, macht Menschen zu „Aussteigern", zu „Fortschrittsfeinden", zu „Spinnern", zumindest aber zu „Alternativen". All das funktioniert relativ reibungs- und problemlos. Und trotzdem, so ganz glücklich sind wir mit diesem Leben auf die Minute nicht. Siegmund Freud beschreibt in seiner Abhandlung „Das Unbehagen in der Kultur" jene ambivalente Gefühlslage, der sich heute ein Großteil der Bevölkerung ausgesetzt sieht: „Die Menschen sind stolz auf diese Errungenschaften und haben ein Recht dazu. Aber sie glauben bemerkt zu haben, dass diese neu gewonnene Verfügung über Raum und Zeit, diese Unterwerfung der Naturkräfte, die Erfüllung jahrtausendalter Sehnsucht, das Maß von Lustbefriedigung, das sie vom Leben erwarten, nicht erhöht, sie nach ihren Empfindungen nicht glücklicher gemacht hat." Einige Zeilen weiter zieht er die Konsequenz daraus und fordert: „Es ist Zeit, dass wir uns um das Wesen dieser Kultur kümmern, deren Glückswert in Zweifel gezogen wird."[1] Kümmern wir uns also um unsere Zeitkultur und folgen damit Freuds nachdrücklicher Aufforderung.

Es geht um Zeitkultur, und es geht nicht um mehr Zeitkontrolle

Die gewonnene Verfügung über Raum und Zeit hat uns, so Freuds Diagnose, nicht allzu glücklich werden lassen, auch wenn sie zweifelsohne unsere mittel-

---

* Karlheinz A. Geißler lehrt Wirtschaftspädagogik in München.

1 Siegmund Freud: Das Unbehagen in der Kultur. (Erstausgabe 1930) Frankfurt a.M. 1983, S. 84/85

europäischen Gesellschaften (aber nicht alle ihre Mitglieder) an Geld und Warenwerten reicher gemacht hat. Dass Geld nicht glücklich macht, ist eine Erfahrung, die sprichwörtlich geworden ist. Aber auch die Gegenstände, die Erlebnisse, die Güter, die man sich für Geld kaufen kann, befördern das Glück nur selten und wenn, dann meist nur kurzzeitig. Mit Vorliebe koppeln wir den Ertrag der Zeit an das quantitative Niveau unseres Güterwohlstandes. Aber diesen Güterwohlstand, das ist die offensichtliche Konsequenz, den haben wir uns durch einen Zeitnotstand erhetzt. Ambivalent, zweifelhaft und mangelhaft bleibt jedoch jeder Fortschritt, wenn er durch das Anwachsen einer Not, in diesem Falle der Zeitnot, erkauft wird. Die Sehnsucht nach dem guten Leben - was sonst sollte unsere täglichen Anstrengungen und Mühen eigentlich motivieren? - wird so schließlich unerfüllt bleiben. Das Leben, und das gute Leben speziell, brauchen nämlich Zeit, und sie brauchen nicht nur Eile und Hetze, sie brauchen viele unterschiedliche lebendige Zeitformen.

Vermessene Zeit

Die moderne Industriegesellschaft hat die zeitliche Vielfalt misshandelt. Sie hat sie aufgezehrt. Die Zeit wurde kolonisiert und auf das abstrakte Maß der Uhrzeit hin monokulturell kartographiert. Dies mit dem Ziel, Ungleiches möglichst kompatibel zu machen. Heute denken und handeln wir in Zeitzonen und erschöpfen uns dabei durch die aufreibende Obsession, die Zeit immer und überall kontrollieren und hierdurch schneller machen zu können.

Paul Valéry hat das beschrieben: „Fast die gesamte Praxis ist dem Messen unterworfen. Das Leben, ohnehin schon zur Hälfte unterjocht, abgesteckt, in Reih und Glied gebracht und unterworfen, kann sich kaum noch der Zeitpläne, Statistiken, Messvor-gänge und der quantitativen Präzisierung erwehren, deren Entwicklungen seine Vielfalt immer mehr einschränken, seine Ungewissheit mindern, seinen Verlauf sicherer machen, länger, maschinenhafter.“[2] Abgewertet, belächelt und diskriminiert werden im beschleunigten Alltag jene Zeitformen, die sich dem Uhrzeitmaß verweigern, die sich dem „Imperium der Zahl“ (Valéry) nicht unterwerfen. Das Leben bzw. das, was wir dafür halten, wird tendenziell immer mehr zur buchhalterischen Abwicklung eines Zeitkontos, dessen Zeitdepots durch Zeitsparanstrengungen aller Art aufgefüllt werden. Am Ende subjektiver Zeit wird aber nichts drangehängt - bei noch so viel Zeitsparanstrengungen.

2 Paul Valéry: Werke, Band 4. Frankfurt a.M. 1989, S. 86

Das mit den Zeitsparappellen einhergehende Freiheitsversprechen beschränkt sich dort, wo es Realität wird, auf die Individualisierung der Zeitkontrolle. Wir geben uns die Zeiten zunehmend selber vor und treiben uns auch selbst zur Eile an. Die wachsenden Möglichkeiten, je individuell über die Zeit entscheiden zu können, haben uns nicht von der Zeitnot befreit. Eine vielfältige Zeitkultur ist dadurch nicht entstanden.

Um so dringlicher ist daher die Erinnerung an die Forderung von Freud: „Es ist Zeit, dass wir uns um das Wesen dieser Kultur kümmern, deren Glückswert in Zweifel gezogen wird.“ Es geht um Zeitkultur, und es geht nicht um mehr Zeitkontrolle. Die häufig leidvolle Geschichte unserer alltäglichen Problemlösungsaktivitäten zeigt, dass ein Mehr an Kontrolle bisher nur sehr selten zu einem kulturellen Fortschritt führte. Die Zeit nämlich arbeitet, und dies ist die irrtümliche Vorstellung, die dem Kontrollbedürfnis zugrunde liegt, nicht grundsätzlich immer gegen die Menschen, sie arbeitet manchmal auch für sie und mit ihnen. Zeit ist keine feindliche Macht, die es zu unterjochen, zu beherrschen, zu kontrollieren und in ihrer Vielfalt einzuebnen gilt. Trotzdem tun wir dies unentwegt. So entstand, und entsteht täglich neu, eine temporale Dominanzkultur, die die Vielfalt natürlicher und sozialer Zeitformen zugunsten vielfältiger Herrschafts-, Mess- und Kontrollmechanismen im Hinblick auf das zeitliche Geschehen reduziert. Hierdurch ist schließlich die Vielfalt der Zeiten von einer Vielfalt der Uhren abgelöst worden, von Uhren, die alle die gleich abstrakte, d.h. inhaltsleere Zeit anzeigen. Es sind aber nicht alle Zeiten gleich. Nur alle Uhrenzeiten sind es.

Die Uhr kann gehen

Heute nun stoßen die Einheitsobsession der Uhrenzeit sowie das Dogma der Beschleunigung, das zum allseits anerkannten Glaubensbekenntnis in den Führungsetagen der Unternehmen aufstieg, an ihre Grenzen. Sie verlieren ihre bis vor kurzem unumstrittene Plausibilität. Sichtbar und erlebbar wird dieses beispielsweise in der Möblierung unserer Städte. Dort verschwinden die öffentlichen Uhren zunehmend. Diese hatten ja ehemals die Funktion, die Uhrzeigermoral zur herrschenden Orientierung zu machen um die Individuen in ihrem Zeitverhalten auf das Uhrzeitmaß hin zu standardisieren. Wer in Frankfurt vom Bahnhof ins Bankenviertel geht, sieht keine jener öffentlichen Uhren mehr, für deren Installation die Stadtverwaltung zu Beginn des 20. Jahrhunderts eine Menge Geld investiert hatte. Ähnliches kann man auch in den neuen Zentren der Mobilität feststellen. Fokus des Blickfanges an den Bahnhöfen war allzeit die große Uhr, an Flughäfen hingegen, die ja die Bahnhöfe als Knotenpunkte des Transports abgelöst haben, findet man nur noch nach aufwendiger Suche zeitliche Orientierung durch öffentliche Chronometer. Die bisher so dominierende und so einflussreiche Einheit unserer Zeitorientierung durch das Uhrenzeitmaß scheint ins Wanken geraten zu sein. Nicht mehr unumstritten ist der Totalitarismus der Zeiger.

Die Gleichmäßigkeit des Zeitverlaufs mechanischer Uhren, die ja unabhängig vom Wetter funktionieren, die nicht auf Helligkeit und Dunkelheit reagieren und die auch völlig losgelöst von den wechselnden Jahreszeiten ticken, diese standardisierte Gleichmäßigkeit verleitet uns zu folgenschweren Illusionen. Immer wieder fallen wir der unrealistischen Vorstellung anheim, alles Zeitliche sei geregelt, kontrolliert, berechenbar und in gleichmäßige Zeitportionen zerlegbar. So aber ist das Leben nicht, und so lässt es sich letztlich auch nicht organisieren, wenn wir es lebendig halten wollen. Wer sein Leben nach dem Modell der Uhr einrichtet, zerstört es. Denn die Uhr ist, obgleich sie „geht“ bzw. „gehen kann“, ein toter Gegenstand. Ihr dynamisches Prinzip ist der mechanische Takt. Das Muster des Lebens und dessen Entwicklungsdynamik dagegen ist der Rhythmus. Lebendige Prozesse lassen sich nur gewaltsam, d. h. nur unter Opfern und mit erwartbaren Schäden und Schädigungen der Rationalität des taktförmigen Uhrzeitmaßes unterordnen. In unserer Gesellschaft, speziell auch im Wirtschaftsbereich, sind wir auf schöpferisches Denken und Handeln angewiesen. Kreatives, Innovatorisches entwikkelt sich nicht nach der linearen Logik des Uhrentaktes. Die möglichst gleichmäßige Aufeinanderfolge von Punkten und Schritten, von der Problemstellung bis zur Problemlösung, setzt keine Kreativität frei. Die Lösung liegt dabei nämlich immer dort, wo man bereits weiß, wo die Lösung liegt. Das ist kein schöpferisches Denken und Handeln. Innovationen werden so blokkiert. Intelligente Denk- und Entwicklungsprozesse brauchen die Freiheit, in und mit vielfältigen Zeitformen zu experimentieren.

Man muss schnell sein, aber auch langsam. Man muss Pausen machen, warten können, wiederholen, um Neues zu erkennen und dies vom Alten zu unterscheiden. Gesellschaften, Unternehmen und Subjekte, die nicht die Vielfalt von Zeitformen nutzen, wirtschaften ab. Sie erleben im besten Falle Scheinblüten, die das Absterben üblicherweise ankündigen.

Ohne Spielraum für Variabilität, für Veränderung und für konfli-gierende Prozesse gibt es keine produktive Weiterentwicklung in der Natur und in der Gesellschaft. Die fehlerlose, standardisierte Gleichmäßigkeit der uhrwerkartigen Mechanik kann dies nicht fördern, sie verhindert die Entwicklung entsprechender Potentiale.

Allzu sehr haben wir uns, speziell in Mitteleuropa, an die Scheinautorität der Uhrzeit gewöhnt. 250 Jahre Pünktlichkeitserziehung haben uns moralisch auf die Uhr hin zentriert und unser Verhalten daraufhin standardisiert. Verloren haben wir damit den Blick auf die Produktivität der zeitlichen Vielfalt, auf alternative zeitliche Handlungsformen. Wenn wir auf die Zeit schauen, schauen wir immer auf die Uhr, und wenn wir jemandem Zeit schenken wollen, suchen wir fast instinktiv ein Uhrengeschäft auf. Das aber ist in flexiblen Zeiten äußerst inflexibel. Die Uhrzeitmoral hat uns zwar viel gebracht, viel Güterwohlstand und viel Zeitnotstand, aber sie bringt uns heute nicht mehr weiter. Sie ist kein Medium der Zeitvielfalt, sie ist das Instrument der monokulturellen Beschleunigung. Diese aber ist heute durch das Erreichen von Lichtgeschwindigkeit bei unserem Kommunikationstransport an ihrem natürlichen Ende angelangt, sodass die Uhrzeit ihre zentrale Funktion, den Beschleunigungsprozess voranzutreiben und zu kontrollieren, weitgehend erfüllt hat.

Nachhaltige Zeiten

Insbesondere außerhalb des Wirtschaftsbereiches gibt es Areale träger Produktivität. Dazu gehören u.a. die Sektoren Bildung, Familie, Haushalt und Pflege. Wenn wir deren Produktivitätsformen, die nicht nach dem Muster „Zeit ist Geld" funktionieren, ignorieren, leidet letztlich auch die Produktivität der Arbeit in den Unternehmen darunter. Gleiches gilt für das, was wir „mitmenschliches Vermögen" nennen. Zuwendung, Anerkennung, Liebe, Vertrauen, Würde, Solidarität, haben keinen Preis. Sie lassen sich nicht beliebig beschleunigen und schnell herstellen. Um sie zu schützen und zu ermöglichen braucht es andere Zeitformen als die der Schnelligkeit.

Eingeebnete Zeitlandschaften, die zu nichts Weiterem als zur Hast und zur Hetze einladen, sind Formen der Barbarei, die es zu verhindern gilt, und zwar durch Kultivierung und Re-Kultivierung einer Vielfalt von unterschiedlichen Zeitformen.[3] Solch ein Vorhaben hat aber nur dann Realisierungschancen, wenn es nicht mit der Absicht geschieht, die Zeitvielfalt beherrschen zu wollen, oder sie, wie es die beliebte Alltagsformel beschreibt, „in den Griff zu bekommen". Zeit muss man in den Blick, nicht in den Griff bekommen. Kultivierung der Zeiten heißt, jene Bedingungen zu erhalten, zu pflegen und auch wieder herzustellen, die der Zeitvielfalt einen leben-

3 Klaus Kümmerer: Rettet die Zeitvielfalt. In: Politische Ökologie, 1998 (17. Jg.), Heft 57/58, S. 32-35

digen Raum geben. Darin könnten dann auch die Menschen als zeitliche Wesen Zeitsouveränität entfalten. Zeitsouveränität bedeutet ja nichts anderes, als unterschiedliche Zeitformen leben, ertragen und koordinieren zu können und zwischen ihnen frei wählen zu dürfen. Mit einem Bild aus der Medienlandschaft lässt sich dies beschreiben. Zeitsouveränität und Zeitkultur benötigen eine zeitliche Programmvielfalt, keine eintönige Kanalvielfalt, so wie wir dies bei unseren Fernsehsendern erleben. Letztere ist ja nichts anderes als ein monokulturelles Arrangement, das die Artenvielfalt der möglichen Programme und der möglichen Zeitformen auf die Primitivität der Auswahl uniformer Produkte reduziert. So wie ein ökologisches System seine Stabilität dadurch vergrößert, dass in ihm eine wachsende Anzahl unterschiedlicher Spezies existiert, so erhöht auch die Gesellschaft mit wachsendem Reichtum an Zeitformen ihre Lebens- und Überlebenschancen. Soziale Systeme, Gemeinschaften, Gesellschaften, Familien, Betriebe und Institutionen sind nämlich dann höchst anfällig für Krisen und Ungleichgewichte, wenn sie wegen zu geringer Heterogenität temporaler Strukturen und Prozesse nur mehr eingeschränkte Möglichkeiten besitzen, sich jeweils neu zu reorganisieren. Störungen können durch eine Erhöhung der zeitlichen Elastizität erheblich besser verkraftet werden. Vielfalt erhöht, wie wir aus anderen Zusammenhängen wissen, die Redundanz entscheidend. D. h. es existieren bei bestehender Vielfalt jeweils mehrere Alternativen für die eine oder andere wichtige Systemfunktion. Damit erhöht sich die Systemstabilität. Die Reduktion der Zeitvielfalt zugunsten einer ausschließlich auf eine einzige Funktion hin ausgerichteten Zeitform (z. B. „Zeit ist Geld“), lässt die sozialen und natürlichen Systeme in jenem Moment absterben, in dem sie dieser Funktion verlustig gehen. So z. B. ist für Gesellschaften, und hierbei speziell für Ökonomien, die alternativlos auf die Beschleunigung der Beschleunigung setzen, das Ende der Beschleunigungsmöglichkeiten, das ja durch die mit Lichtgeschwindigkeit operierenden Informationsmedien abzusehen ist, eine tödliche Bedrohung. Schiller muss das, ohne von der Geschwindigkeit eines Computers auch nur etwas zu ahnen, bereits vor 200 Jahren erwartet haben. „Das langsamste Volk“, so prognostizierte er, „wird all die schnellen einholen“.

Zur Klarstellung: Es geht bei einer entwickelten blühenden Kultur der Zeitvielfalt nicht darum, der Langsamkeit ein Loblied zu singen. Dies wäre nichts anderes als ein monokulturelles Gegenkonzept zur herrschenden Hochgeschwindigkeitskultur. Es geht um den Schutz und den Erhalt unserer zeitlichen Artenvielfalt, die durch die Zerstörung natürlicher und sozio-kultureller Lebensräume massiv gefährdet ist. Es geht darum, das Warten zu mehr zu machen, als zur Pflege unserer Autos, es geht darum, weniger oft zu unseren Kindern „mach schnell“ zu sagen und es geht darum, uns nicht vom Telefonklingeln die Formen der Alltagskommunikation aufdrängen zu lassen. Der Zeit wäre mehr Zeit zu geben. Dabei benötigen wir selbstverständlich auch weiterhin die Fähigkeit, uns beeilen zu können. So beispielsweise bei dem Vorhaben, möglichst bald eine buntscheckige Kultur des Zeitwohlstandes zu entwickeln. Richtiger Wohlstand ist nämlich immer auch Zeitwohlstand. Und im Zeitwohlstand leben wir dann, wenn wir verfügbare Zeit haben, über die wir nicht verfügen; wenn wir uns von der täglichen Angst befreien, etwas zu versäumen. Dazu wäre noch viel zu sagen. Tut mir leid, keine Zeit!

Christiane Müller-Wichmann*

Zeitstrukturen und Partizipation[1].

Bitte erlauben Sie mir eine kurze lokalpolitische Vorbemerkung in allerdings grundsätzlicher Sache. Das Land Berlin ist mehr oder weniger bankrott. Teilobjekt der rigorosen Sparpläne sind Einschränkungen der Personalausgaben im Öffentlichen Dienst um eine halbe Milliarde Euro. Der Vorschlag des Senats – der Arbeitgeberseite – letzte Woche sah vor eine Arbeitszeitverkürzung auf 37 Wochenstunden gegen eine Gehalts- bzw. Lohnminderung von zwei Prozent bis 2006. Die Gewerkschaft – als Verhandlungspartner – lehnte ab. Nun plant der Senat einseitige Maßnahmen. Dazu gehört, neben einer Ausdehnung des Einstellungsstops, eine Erhöhung der Arbeitszeit für Beamte auf 42 Wochenstunden zum 1. 1. 2003.

Mich interessiert hier nur ein Widerspruch, der sich aus der Kenntnis der Arbeitszeitforschung aufdrängt. Erstens: Die Wunscharbeitszeit der meisten Vollbeschäftigten liegt irgendwo zwischen 30 und 35 Stunden, bei Frauen niedriger als bei Männern. Zweitens: Am stärksten überlastet fühlen sich subjektiv und sind objektiv berufstätige Frauen. Und drittens: Der Bedarf an Zeitinvestitionen in außerberufliche Felder hat für Gesellschaft und Individuum erheblich zugenommen. – Warum also gibt es keinen kollektiven Aufschrei?[2]

---

* Sozial- und Erziehungswissenschaftlerin in Berlin

1 Der vorliegende Text ist das Manuskript meines Vortrags vom 25. 10. 2002 auf der Gründungstagung der Deutschen Gesellschaft für Zeitpolitik, „ZeitGestalten", in der Evangelischen Akademie zu Berlin.

2 Am Tage des Redaktionsschlusses für diesen Band (30.06.03) gab es einen späten überraschenden Durchbruch bei den festgefahrenen Tarifverhandlungen. Auf höchster Ebene wurde ein letzter Versuch gestartet und am späten Abend vom Regierenden Bürgermeister Klaus Wowereit und dem Bundesvorsitzenden von ver.di Frank Bsirske der erste Erfolg verkündet. „Mehr Freizeit - weniger Geld" lautet die erste grobe Formel, auf die man sich verständigt hatte (Der Tagesspiegel v. 1.7.03).

I. Von wegen Freizeit...

Arbeitszeitverkürzung ohne Zweckbestimmung hat eine schlechte Presse – egal ob mit oder ohne Lohnausgleich. Ob Sie die Schelte gegen „Deutschland als kollektiver Freizeitpark" unseres früheren oder das „Es gibt kein Recht auf Faulheit" unseres derzeitigen Kanzlers nehmen: Wer mag sich dem Verdacht aussetzen, er oder sie sei faul, unmotiviert, nicht voll einsatzbereit und damit eigentlich überflüssig, und das angesichts unserer seit Jahren drückenden Arbeitsmarktmisere?

Wofür aber brauchen wir die gewonnene Zeit aus den Produktivitätszuwächsen, die bisher nur teilweise und aus beschäftigungspolitischen Gründen rückerstattet wird? Vor allem für andere Arbeit. Zunächst für die bessere Vereinbarkeit von Familie und Beruf, die arbeitszeitpolitisch in Deutschland bisher meist nur zu variantenreichen Teilzeitregelungen für Mütter geführt hat. Dieser zweite große Komplex von gesellschaftlich notwendiger Arbeit, der im Wesentlichen für Kinder, alte Menschen, Kranke unbezahlt in den Familien geleistet wird, wurde vor 20 Jahren noch unmissverständlich unter dem Rubrum „Familie und Freizeit" aufgeführt. (Daher kommt übrigens auch das sogenannte„Gedöns").

Nicht nur forschungstechnisch wird das Thema mittlerweile als „Time-Life-Balance" bearbeitet. Auch lebenspraktisch haben Kurse mit einschlägigen Hilfestellungen rein berufsbezogenes Zeitmanagement abgelöst – um an dieser Stelle den großen Fortschritt zu erwähnen, den Paradigmenwechsel in Wissenschaft und Gesellschaftspolitik, den mit anzustoßen uns Zeitforscher/-innen vergönnt war.

Der dritte Komplex gesellschaftlich notwendiger Arbeit, das außerberufliche, ehrenamtliche Engagement im weitesten Sinne, wurde im Kontext der Kommunitarismus-Debatte, der Rede von der Zivilgesellschaft, zunehmend wieder ins Licht gerückt. Auch im letzten Bericht an den Club of Rome (1998) sowie im Bericht der Sächsisch-Bayerischen Zukunftskommission (1997), spielte das Ehrenamt seine zentrale Rolle, insbesondere im Hinblick auf die deutlich gewordenen Grenzen des Sozialstaats. Die Enquete-Kommission der Bundesregierung zur Zukunft des bürgerschaftlichen Engagements (2002) hat nicht zuletzt deshalb zur Reform des Stiftungsrechts beigetragen.

Ich möchte Sie darauf hinweisen, dass bisher nur von Arbeit die Rede ist, genauer: von Verschiebungen zwischen bezahlter auf unbezahlte Arbeit. Freizeit ist bisher gar nicht in Sicht. Dies könnte die fehlende Begeisterung für

Arbeitszeitverkürzung erklären. Es wäre menschlich verständlich, wenn Berufstätige beiderlei Geschlechts Arbeit mit materieller Gratifikation der Arbeit ohne materielle Gratifikation vorziehen. Gerade die Frauen kommen da gerade erst her. Doch wir wissen aus allen empirischen Studien um die große Diskrepanz zwischen (hoher) Partizipationsbereitschaft und (eher geringer) Partizipation. Meine These ist: Wir müssen uns die notwendigen Zeitstrukturen ansehen, wir müssen nach dem Zeitmuster für Partizipation fragen, um diese Diskrepanz erklären zu können. Und damit sind wir bei Punkt 2: dem zeitlichen Gehalt des Problems.

II. Zeitstrukturen als Partizipationshindernis[3]

Partizipation, verstanden als aktive Mitgestaltung, als öffentliches Engagement von Frauen und Männern in allen Lebensbereichen, ist der Inbegriff von Demokratie. Nun machen die angeblichen Schwierigkeiten, Menschen zu öffentlichem Engagement in Gestalt der Übernahme unbezahlter Arbeit zu motivieren, allen davon abhängigen Organisationen zu schaffen. Sie wurden zum Anlass vielfältiger Anstrengungen hinsichtlich der Erforschung des Mobilisierungspotentials sowie von neuen Erschließungs-, Rekrutierungs-, Qualifizierungs- und Motivationsstrategien. Zu diesen gehören die Bemühungen der Gewerkschaften um Vertrauensleute, der Kirchen und Wohlfahrtsverbände um ehrenamtliche Helfer/-innen, der Vereine um Funktionsträger/-innen, der sozialen Bewegungen um Organisationsarbeiter/-innen.

Die alte bürgerliche Lösung, nämlich die Gewährleistung von Abkömmlichkeit im „Honoratiorenmodell mit Hausfrauenehe“ ist aufgrund der gesellschaftlichen Entwicklung abhanden gekommen. In der internationalen Literatur spiegelt sich diese in Begriffen der Entwicklung vom „male breadwinner“ zum „adult worker“. Auch aus organisationssoziologischen Gründen, die ich hier nicht weiter ausführen kann, können künftige Strategien keinesfalls eine Aufteilung in Erwerbstätige und kompensatorisch Ehrenamtliche ins Auge fassen, und schon gar nicht die bewährte Abdrängung von Frauen. Vielmehr müssen neue Wege gefunden werden, Abkömmlichkeit von Berufstätigen beiderlei Geschlechts zu ermöglichen.

Dies stößt auf die Umbrüche sozialer Zeitstrukturen, damit auf Prozesse des sozialen Wandels, die hier nur in Stichworten zu skizzieren sind:

---

3 Der 2. und 3. Teil (mit Ausnahme der Abschnitte „Kunst“) folgen weitgehend meinem Handbuchartikel „ZEIT“, in: Wörterbuch Soziale Arbeit. (4. Auflage) Weinheim und Basel 1996: Beltz.

Der anhaltende Modernisierungsdruck auf die gesellschaftlichen Zeitstrukturen erfolgt jenseits der beschäftigungspolitischen Motive gleichsam von zwei Seiten: durch betriebswirtschaftliche Optimierungsstrategien der Unternehmen und durch Veränderung der Geschlechterrollen. Die zunehmende Entkoppelung von Arbeits- und Betriebszeiten und – als Folge – die Flexibilisierung individueller Arbeitszeiten durch variantenreiche Arbeitszeitmodelle führt zur Zunahme unsozialer Arbeitszeitlagen abends, nachts und am Wochenende. Sie führt weiter zur Individualisierung, Diversifizierung und Entstandardisierung von Arbeitszeiten und Vertragsdauern für unterschiedliche Arbeitnehmergruppen.

Die dahinter stehenden Konzeptionen scheinen Wertewandel, Individualisierung und Pluralisierung von Lebensstilen Rechnung zu tragen. Sie werden auch propagiert, um à la carte und lebensphasenspezifisch Familie und Beruf vereinbaren zu können. Als Flexibilisierungskosten fallen an : zunehmende Prioritätskonflikte bei konkurrierenden Zeitanforderungen aus Lebenswelt und Beruf, wachsender Aufwand für Organisation und Koordination des Alltags durch Verlust der Rhythmen (was unter Rückgriff auf die Terminologie von Max Weber unter „Lebensführung als Arbeit“ diskutiert wird). Und für den Komplex Partizipation zentral: die Erschwernis der Integration in außerfamiliale Zusammenhänge und Teilhabe an Öffentlichkeit, Vereinsleben, politische, gewerkschaftliche, religiöse, kulturelle ehrenamtliche und andere bürgerschaftliche Aktivitäten sowie die schlichte Teilnahme am kulturellen Leben, die Ko-Präsenz und längerfristig planbare, disponible Zeit voraussetzen. Das heißt, wir konstatieren gleichsam eine Vereinzelung und Ausdehnung des Schichtarbeiter-Syndroms in weiten Kreisen der Bevölkerung.

Diese Verknappung gemeinsamer Zeit ist nicht förderlich für Partizipation. Als Inbegriff von Demokratie verlangt dieser für die gesellschaftliche Wohlfahrt unverzichtbare Komplex nach regelmäßiger Ko-Präsenz aller Beteiligten. Diese setzt gemeinsame, nach Lage und Umfang längerfristig planbare, nach professionellen Kriterien koordinierte, synchronisierte disponible Zeiteinheiten voraus. Schon immer hatten wir hier kumulierende Privilegien hinsichtlich gesellschaftlicher Teilhabe einerseits, Marginalisierung bzw. Ausgrenzung und Abschneiden von Kommunikations- und Handlungschancen andererseits (am deutlichsten bei Schicht- und Nachtarbeit) auch als Ergebnis der sozialen Zeitordnung.

Die aktuellen Deregulierungsprozesse verstärken Segregationstendenzen durch schleichende Erosion des gemeinsamen Zeitkoordinaten-Systems auch im Hinblick auf die Gesamtlebensperspektive. Und damit nicht nur von Arbeit die Rede ist, sollen die Folgen wenigstens kurz am Beispiel von Kunst thematisiert werden.

Exkurs

Die Folgen für den Kunst- und Kulturbetrieb: Nur silberköpfige Studienräte und Studienrätinnen?

Die Segregation von Gesellschaft erstreckt sich insbesondere auch auf den Zugang zu Zeiten und Rhythmen von Kunst und Kulturproduktion. Denken Sie nur an die späten Sendetermine bei ARTE, die Aufführungsdauer des Dostojewki'schen „Idioten" (bei Frank Casdorf von 7 Uhr abends bis 1 Uhr nachts), oder die Fernsehübertragung der Moritz Rinke'schen Neufassung der „Nibelungen" (ab 23 Uhr), um nur ein paar aktuelle Beispiele zu erwähnen. Die allseitig reduzierte Persönlichkeit ist uns allen nur zu bekannt und sieht vielen von uns täglich aus dem Spiegel entgegen.

Dabei geht es um weit mehr als nur die Zeit zum Besuch von Kulturveranstaltungen. Es geht um Zeit für aktive Auseinandersetzung mit Inhalt und Form, um den Erwerb von Vertrautheit, Kenntnis und Urteilsvermögen, um Aneignung und aktive Teilhabe. Kunst ist Kommunikation, ein Dialog, der Zeit verlangt, ein Prozess. Das Individuum muss Bedürfnis, Praxis, Gewohnheit entwickeln, muss Teil eines qualifizierten Publikums werden. Und alle Kunst – nicht nur darstellende und Musik – braucht dieses Publikum. Wir erst sind quasi der notwendige Koproduzent der Dienstleistung, wie das neudeutsch-ökonomistisch heißt. Ohne die Sehnsucht nach eigener kultureller Identität und ohne Widerstand gegen die Hegemonie der Massenkultur brauchten wir tatsächlich auch keine *gemeinsamen* Zeitrhythmen.

Angesichts der Verknappung gemeinsamer Zeit ist verständlich, dass Menschen, die durch Intensivierung beruflicher wie außerberuflicher Anforderungen ohnehin hoch belastet sind, sich ins Private zurückziehen. Gleichzeitig braucht das öffentliche Leben gerade *ihr* Engagement – sozusagen aus organisationssoziologischen und demokratiepraktischen Gründen. Und Menschen brauchen andere außerfamiliale Lebensbereiche neben der Berufswelt: nicht alles gleichzeitig, aber Zeitfenster und Zeitkorridore werden verlangt und Rhythmen, die die Qualität disponibler Zeiten sichern. Das Leben lässt sich nicht auf später verschieben (das wird von den Tarifpartnern als Problem der Altersteilzeit bei Insolvenzen diskutiert). Wir aber beobachten gerade auch das Wegbrechen eines qualifizierten jüngeren Publikums für Kultur- und Kunstveranstaltungen.

Ich komme zum dritten und letzten Punkt.

III. Zur Sicherung öffentlicher Teilhabe und Partizipation: Zeitpolitische Zielsetzungen, Adressaten und Bündnispartner

Der Strukturwandel der Arbeits- und Lebensverhältnisse, der Funktionsverlust von Ehe und Familie als Quelle lebenslanger materieller Versorgung und Pflege machen die stabile Integration in außerfamiliale soziale Zusammenhänge so wichtig wie nie zuvor. Auch deshalb müssen bei der Modernisierung der Arbeitszeiten trotz allen Flexibilisierungsdrucks die kollektiven Strukturmomente der sozialen Zeitarchitektur (wie Feiertage, Wochenende und Feierabend) als Teil kultureller Identität und Konstitutionsbedingung von Öffentlichkeit verteidigt werden

Der Ruf nach Regulierung ertönt nicht nur auf Soziologie-Kongressen. Die Entstrukturierung von Zeit ist individuell nur schwer zu kompensieren. Es ist originäre Aufgabe von Politik, dem risikohaften Auseinanderdriften von Lebenslagen, Lebenskonzepten, Lebensphasen, der gestiegenen Asynchronität von Lebenswelt und Beruf entgegenzuwirken. Nur so ist dem Verlust langfristiger Handlungs- und Planungsperspektiven durch die Destabilisierung von Alltagsrhythmen, Lebensläufen und Erwerbsbiografien vorzubeugen. An dieser Stelle entsteht (mit Jürgen Rinderspacher formuliert) ein hoher Aufklärungsbedarf über die sozialen Risiken von Arbeitszeitinnovationen. An nichts lässt sich die Notwendigkeit kollektiver Regelungen als Voraussetzungen für individuelle Freiheiten besser demonstrieren.

Eine soziale und ökologische Reform der gesellschaftlichen Zeitstrukturen verlangt zunächst die Modernisierung der Normalarbeitszeit als regulative Bezugsgröße. Das heißt eine Neudefinition und eine drastische Verkürzung der Arbeitszeit unter Umverteilung des Produktivitätszuwachses. Sie verlangt zum anderen eine Arbeitszeitstruktur, die die zuverlässige Bildung von eigenen Routinen zur Alltagsbewältigung erlaubt, von denen bei Bedarf abgewichen werden kann. Werner Meißner hat das einmal „regulierte Optionalität" genannt. Unter den für diesen Beitrag hier zentralen Gesichtspunkten der sozialen Integration und Partizipation wird drittens die Übereinstimmung der Arbeitszeiten mit den Fixpunkten und Rhythmen des öffentlichen Lebens zum entscheidenden Gütekriterium.

Adressaten und Bündnispartner in diesem Prozeß ergeben sich wie von allein. Es sind vor allem anderen die Kirchen und die Gewerkschaften und mit ihnen alle Vereine und Verbände, die auf die gemeinsame Zeit ihrer Mitglieder angewiesen sind. (Nicht also Verlage, Massenmedien, Produzenten von Tonträgern und Videos, nicht Fitness-Studios, Wellness-Center und Internet-Provider, deren Produkte und Dienstleistungen den zwangsflexibilisierten Singles jederzeit Zeitreste vertreiben). Und um das nochmals am Beispiel von Kunst und Kultur aufzugreifen: Kooperationsmöglichkeiten sehe ich (auch im Blick auf die Anliegen der neuen Kulturstaatsministerin Christina Weiss) bei allen einschlägigen Interessenvertretungen auf Bundes- und Landesebene. Vor allem liegen sie bei den Darstellenden Künsten selbst und allen Institutionen vom Konzertveranstalter bis zum Deutschen Bühnenverein, von der Oper bis zum Deutschen Kulturrat. Dort sind mögliche Kooperationspartner, die mit Sicherheit als Multiplikatoren für unser gemeinsames Interesse zu gewinnen wären: die Rahmenbedingungen für die Teilhabe an Kunst und Kultur zu verbessern.

Jedenfalls kann ich mir kaum eine sinnvollere Operationalisierung der geplanten „Kulturverträglichkeitsprüfung" vorstellen, die laut Koalitionsvertrag für neue Gesetzesvorhaben gelten soll und die zum Beispiel Rücksichten auf kollektive Zeitstrukturen (wie die 19-Uhr-Marke) als Schutzräume für soziales Leben und Kulturveranstaltungen an den Anfang setzen könnte. Denn Kultur als die vielleicht höchste Form gesellschaftlichen Reichtums ist (genau wie eine intakte Umwelt) ein Gut, das wir nur dann an die nächste Generation weitergeben können, wenn wir selbst es ständig aktiv herstellen: durch qualifizierte Teilhabe, die in einer demokratischen Gesellschaft keinerlei strukturellen Ausschluss kennen darf. Und das gilt für jede Form von Partizipation.

Matthias Eberling*

Wer hat an der Uhr gedreht?

Zeitgestaltung als persönliche und politische Aufgabe

Zeit ist lange als Konstante unseres Lebens angesehen worden. Wir beginnen jedoch zu erkennen, dass ssie eine Variable ist. Dass wir anders mit ihr umgehen können, dass wir sie verändern können. Dass sie uns nicht nur gegeben ist, dass wir sie uns nehmen können.

Welche Zeit kennen wir aus unserem Alltag? Wir kennen zunächst einmal die Uhrzeit und das Datum, Uhren und Kalender sind unser Kompass im stetig dahin fließenden Strom der Zeit. Arbeitnehmer/-innen kennen ihre Arbeitszeiten, Schüler/-innen ihre Schulzeiten – sie sind wesentliche Taktgeber unseres Lebens. Dann gibt es zeitliche Vorgaben, die wir alle berücksichtigen müssen: Die Ladenöffnungszeiten etwa, die Sprechstunden unserer Ärzt/-innen, Fristen des Finanzamts, Termine im Sportverein usw. Unser alltägliches Leben ist von einem Korsett von – mehr oder weniger wichtigen, mehr oder weniger stark beeinflussbaren – Terminen und Fristen eingebunden, das uns ganz selbstverständlich erscheint. So selbstverständlich, dass wir kaum noch in der Lage sind, unsere Alltagszeit substanziell neu zu gestalten. Allenfalls graduelle Veränderungen gelingen uns noch.

Ist es nicht auffällig, wie wir selbst und andere über Zeit sprechen? Wir sind nicht Herren unserer eigenen Zeit, wir sind Sklaven unserer Terminkalender. Getrieben, gehetzt, überfordert. Ständig über die mangelnde Zeit, den Stress im Beruf und die Hektik des Lebens im Allgemeinen Klage führend. Nach dem Wetter ist die Zeit, genauer gesagt ihr vermeintlicher Mangel, das große Plauderthema unserer Epoche. Es ist chic geworden (und darum jedoch nicht zwangsläufig falsch), über die Beschleunigung unserer Gesellschaft und unserer Wirtschaft kritisch nachzudenken. Und wir verklären eine Vergangenheit, die angeblich durch ihre Gemütlichkeit und ihren unermesslichen Zeitreichtum geprägt war. Aber hatte nicht auch zu Goethes und Kants Zeiten der Tag nur 24 Stunden?

---

* Politikwissenschaftler in Berlin

Die Suche nach der verlorenen Zeit erfolgt in drei Schritten, und zwar auf den Ebenen: das Ich, das Wir und das politische Handeln.

Ich

Den modernen Menschen hat eine besondere Obsession erfasst: Er will seine knapp bemessene und unaufhörlich ablaufende Lebenszeit perfekt ausnutzen, kein Quantum darf verloren gehen, keine Reue über vergeudete Zeitressourcen soll ihn plagen. Um dieses Ziel zu erreichen, hat er sich viele wunderliche Apparaturen wie Atomuhren und Beschleunigungstechnologien ausgedacht. Eigentlich müsste der Mensch ja wie die hinduistische Gottheit Shiwa sechs Arme haben. Leider besitzt er nur zwei, doch nutzt er diese sehr geschickt, um mithilfe moderner Apparaturen eine Vielzahl von Vorgängen in Bewegung zu halten. Irgendein Fernseher, ein Radio oder ein Computer lä~~a~~uft~~en~~ eigentlich immer, es wird zugleich gegessen und gearbeitet oder zugleich Auto gefahren und telefoniert. Immer mehr soll in der gleichen Zeit geschehen. Arbeit und Leben – hier als Metaphern für unterschiedliche Sphären unseres Daseins verstanden – fließen ineinander. Mobilfunk und Internet sorgen für permanente Erreichbarkeit rund um die Uhr. Umgekehrt fließt über das sogenannte „reverse telecommuting“ (wie es in den Dilbert-Comics heißt) das Alltagsleben in die Arbeit ein: Man chattet auch am Arbeitsplatz im Internet oder macht im Büro die Steuererklärung.

Diese unaufhörliche Steigerung der Zeitnutzung führt zu einer zeitlichen Verdichtung. Und diese zeitliche Verdichtung von Tätigkeiten finden wir auch an bestimmten Orten, an denen sich diese Tätigkeiten auch räumlich verdichten. Orte der Gleichzeitigkeit, also der Verdichtung von Aktivitäten, sind zugleich auch häufig Orte der Pausenlosigkeit, der permanenten Aktivität rund um die Uhr. Es sind die Städte, insbesondere die Innenstädte, die die sichtbaren Netzknoten der modernen Rastlosigkeit, Beschleunigung und Vergleichzeitigung bilden. Und so wie die Erdoberfläche in der Vergangenheit Stück für Stück entdeckt, erobert, vermessen, verteilt und verkauft wurde, so wird auch die Zeit unter ökonomischen Verwertungsinteressen erobert und mit Aktivitäten gefüllt.

Wie sich das im individuellen Alltag bemerkbar macht, wissen wir alle: wachsende Arbeitsverdichtung und zunehmender Leistungsdruck am Arbeitsplatz, Übertragung dieses Drucks auf den Freizeitbereich (Konsumstress), komplexe Anforderungen bei der Koordinierung und Synchronisierung in Beruf und Familie. Insgesamt entsteht ein Druck auf den/die Einzelne/-n, seine/ihre Zeit möglichst perfekt zu verplanen und auszunutzen, eine Verdichtung von Tätigkeiten und Anforderungen, die der/die Einzelne als Druck, als „Beschleunigung" wahrnimmt – wobei „Beschleunigung" eine Metapher für wachsenden Leistungsdruck, schnelle Veränderungen der beruflichen und sozialen Umwelt sowie die Ökonomisierung unserer Lebenszeit ganz allgemein ist. Und diese „gefühlte Beschleunigung" ist nicht nur ein gerne beklagtes Phänomen, sie tritt uns auch als gesellschaftliche Anforderung entgegen.

Wir

Auf gesellschaftlicher Ebene macht sich dieser Leistungsdruck als Wettbewerbsdruck in einer globalisierten Wirtschaft bemerkbar, als Beschleunigung des wissenschaftlich-technischen Wandels und damit letztlich auch als Veränderungsdruck in Politik und Gesellschaft. Doch betrachten wir dieses Wirkungsgeflecht aus sich wechselseitig aufschaukelnden Einzelgeschwindigkeiten genauer:

Wirtschaft: Erstens nimmt im Zuge der technologischen und ökonomischen Vernetzung von Unternehmen und Märkten sowie des Abbaus internationaler Handelsschranken der Wettbewerbsdruck und damit der Zeitdruck zu. Mit der Öffnung der Märkte gleichen sich die Renditeerwartungen nach oben an. Damit ergibt sich ein verschärfter Druck zur Ausdehnung von Zeiten, zur Beschleunigung von betrieblichen Abläufen und zur schnellen Amortisation des eingesetzten Kapitals. In traditionellen Wirtschaftsbereichen, in denen die Preiskonkurrenz eine wichtige Rolle spielt, weichen Unternehmen, denen die Möglichkeiten zur Modernisierung fehlen, auch auf den Zeitwettbewerb aus. Dazu gehört unter anderem die Einrichtung von 24-Stunden-Services. Zweitens ist das eingesetzte Kapital grundsätzlich knapp und soll nach Möglichkeit einer maximalen Ausnutzung unterliegen. Der Ausdehnungsdruck bezieht sich dabei sowohl auf Sachkapital als auch auf „Humankapital". Es gilt die gleiche betriebswirtschaftliche Logik, die darauf zielt, die teuere und knappe Ressource – Maschinen oder Wissensträger – möglichst intensiv und lange im Produktionsprozess einzusetzen.

Technik: Wirtschaftlich-technischer Strukturwandel und die Veränderung gesellschaftlicher Zeitorganisation waren immer eng miteinander verbunden. Auslöser des Strukturwandels waren in der Regel neue Phasen technischer Entwicklungen, die weitreichende Folgen für die Zeitorganisation der Gesellschaft mit sich brachten. Etwa die Entwicklung und Verbreitung der künstlichen Beleuchtung, die eine umfassende ökonomische Nutzung der Nachtstunden überhaupt erst möglich machte. Darauf folgen im Zuge der Industrialisierung Techniken, die eine Unterbrechung der Produktion nicht erlauben, weil die Produktionsmittel selbst durch die Unterbrechung zerstört oder stark in Mitleidenschaft gezogen werden (z. B. Hochöfen, Tunnelöfen) oder weil sich der Ausschuss in der Produktion durch eine Unterbrechung der Prozesse extrem erhöht (z. B. bestimmte chemische Produktionen, Chipproduktion). Wesentliche technische Voraussetzung für die derzeitige Entgrenzung von Zeiten und die Vergleichzeitigung von Vorgängen ist natürlich die Informations- und Kommunikationstechnologie. Die nun mögliche Vernetzung schafft ein „instant everywhere", lässt die Welt schrumpfen, führt also – auch im Zusammenhang mit den modernen Verkehrstechniken – zu einer Art „Raum-Zeit-Verdichtung".

Gesellschaft: Die Veränderungen in der Gesellschaft, insbesondere die Individualisierung und die Pluralisierung der Lebensstile, führen zu einem Bedeutungsverlust von Traditionen und Routinen in der Zeitnutzung und zu einer Relativierung von Zeitinstitutionen. Der Feierabend, die Nacht oder das Wochenende sind immer noch zeitliche Areale, denen bestimmte Zwecke und Aktivitäten zugeordnet werden. Doch für den modernen Menschen ist die Nacht eben nicht nur zum Schlafen da und das Wochenende nicht nur die Zeit für Gottesdienste, Waldspaziergänge und Verwandtschaftsbesuche. Manche Gruppen wie z.B. Jugendliche wollen explizit „die Nacht erobern" – Handlungsoptionen von der Diskothek bis zum Internet, von der staufreien Autobahn bis zur durchgehend geöffneten Raststätte werden zur Genüge geboten. Die wachsende Erwerbsneigung von Frauen löst zudem die traditionelle Arbeitsteilung der Gesellschaft zwischen produktiven („Er") und reproduktiven („Sie") Tätigkeiten auf und führt zu neuartigen komplexen Synchronisationsprozessen in Partnerschaften und Familien. Die Menschen entwickeln individuelle Lebensrhythmen, sei es aufgrund eigener Entscheidungen, sei es aufgrund beruflicher Zwänge. Die veränderte Lage und Dauer der persönlichen Arbeitszeit verändert logischerweise auch Lage und Dauer der persönlichen Freizeit - damit verschiebt sich auch die Nachfrage nach Waren und Dienstleistungen zeitlich. Soziale Normen, die mit Zeit verbunden sind, verlieren an Prägekraft: Heute kann man gute Freunde auch noch nach der „Tagesschau" anrufen und muss nicht vor dem dreißigsten Geburtstag verheiratet sein.

Natur: Ökologisch haben diese Auflösung kollektiver Rhythmen und der Beschleunigungsdruck negative Wirkungen. Mit der wachsenden Gleichverteilung des Verkehrsaufkommens aufgrund der Ausdifferenzierung der individuellen Zeitmuster wird der Individualverkehr zunehmend attraktiver, weil die Staus fehlen und die Straßen gleichmäßiger ausgenutzt werden. Dies kann langfristig zu einer Ausdehnung der Verkehrsflächen führen. Der Energieverbrauch (Licht, Heizung, Klimaanlagen) erhöht sich bei einer Ausdehnung der Angebote in den Abend und die Nacht. Zusätzlich führt eine zeitliche Ausdehnung in die Nacht und ins Wochenende zu einem Verlust an Ruhezeiten – auch für die Natur.

Politik

Können wir angesichts dieser umfassenden Beschleunigungs- und Entgrenzungstendenzen überhaupt etwas verändern? Zunächst einmal: Wir haben gesehen, wie sich die Zeiten ändern und der Umgang mit ihnen. Warum sollte also keine weitere Veränderung möglich sein? Unsere individuelle und unsere gesellschaftliche Zeitordnung sind gemacht, von Menschen gemacht – und damit auch wiederum von Menschen veränderbar. Im Großen wie im Kleinen. Und die Gestaltung von Zeit wird sicherlich in dem Maße ein Politikfeld werden, in dem Zeit als Handlungsressource ihre Selbstverständlichkeit im gesellschaftlichen Kontext verliert und zunehmend individuell gestaltet werden muss.

Die Debatte, welche Zeitorganisation wir in unserer Gesellschaft wünschen, hat gerade erst begonnen. Diskussionsgegenstand der politischen Akteure auf Bundesebene sind bestenfalls die Ladenöffnungszeiten, in einigen Bundesländern denkt man über verlässliche Schulbetreuungszeiten („Ganztagsschule") nach. Es wäre jedoch sinnvoll, das komplexe Zeitgefüge einer Gesellschaft als Ganzes zu betrachten und sich darüber zu verständigen, wie ein Mindestbestand kollektiver Zeitinstitutionen erhalten werden kann. Hierbei steht die Frage im Vordergrund, ob nur die Totalität traditioneller Zeitstrukturen und industrieller Zeitregime (die „gute, alte Zeit" – die niemand zurück haben möchte) durch die Totalität einer ökonomisierten Zeitverwendung unter dem Beschleunigungsparadigma ersetzt wird oder ob den Individuen und Gruppen in dieser historischen Umbruchphase auch neue Handlungs- und Gestaltungsmöglichkeiten zuwachsen. Neben dieser Sensibilisierung für die komplexe Vernetzung von Zeitstrukturen müssen auch konkrete Vereinbarkeitsprobleme gelöst werden. Gerade die Vereinbarkeit von Beruf und Familie ist ein neuralgischer Punkt innerhalb der Zeitorganisation, insbesondere wenn man die überproportionale Betroffenheit von Frauen bezüglich atypischer – nämlich oft vergleichsweise kurzer und damit karrierehemmender – Erwerbsarbeitszeiten bedenkt. Der massive Ausbau von Kindertagesstätten, die flächendeckende Einführung der verlässlichen Ganztagsschule, die steuerliche Entlastung für personenbezogene Dienstleistungen sind – um nur einige konkrete Beispiele zu nennen - auf Bundes- und Landesebene sowie auf kommunaler Ebene wichtige Elemente einer zeitsensiblen Politik.

Darüber hinaus müsste für ein integriertes Politikfeld „Zeitpolitik" in allen politischen Bereichen und auf allen gesellschaftlichen Ebenen geworben werden. Für die Bearbeitung eines solchen Querschnittsthemas müssten neue Allianzen zwischen einzelnen Ressorts, aber auch zwischen einzelnen politischen Akteuren gebildet werden. Die Debatte über Zeitpolitik müsste zum einen die Öffentlichkeit zu einer kritischen Reflexion der Zeitverhältnisse – über Beschleunigung, die Ökonomisierung der Zeit, die Auflösung gesellschaftlicher Zeitstrukturen und die Ungleichverteilung von Zeitwohlstand – bewegen, um auf diese Weise die wesentlichen politisch zu bearbeitenden Bedürfnisse zu erkennen. Zum anderen müsste die Debatte an die politischen Akteure herangetragen werden.

Eine solche Zeitpolitik ist aber nur ein erster Schritt: Sie hilft dem/der Einzelnen, mit den Folgen der Beschleunigung – aber auch mit den Folgen der Individualisierung von Zeit – umzugehen. In einem zweiten Schritt müsste Zeitpolitik sich mit den Ursachen, den Wurzeln der Beschleunigung befassen. Dieses politische Projekt wäre weitaus komplexer und schwieriger umzusetzen als die bisherigen Gestaltungsansätze.

Sabine Hofmeister*

Zeitforschung ist Nachhaltigkeitsforschung - Zeitpolitik ist Nachhaltigkeitspolitik.

Mit der Zeit Grenzen zwischen Forschungs- und Politikfeldern überschreiten...

„Der Fluß der Zeit ist ein Fluß, der seine Ufer mitführt."
Robert Musil

Wenn Musil in seinem berühmten Romanfragment Mann ohne Eigenschaften schon zu Beginn des vorigen Jahrhunderts von der *modernen* Zeit gesagt hatte, dass sie „ ... ein Fluß (sei), der seine Ufer mitführt"[1] , dann ist das – ex post betrachtet – auf bemerkenswerte Weise weitsichtig gewesen. In diesem Bild nahm der Schriftsteller jene *Erosionsprozesse* schon vorweg, die uns aktuell besonders (aber nicht nur) mit Blick auf die *ökologischen* Resultate der Industriemoderne, aufschrecken lassen: Es zwingt sich die Erinnerung an die Bilder der Flusslandschaften entlang von Donau und Elbe, wie sie im Sommer 2002 zu sehen waren, fast unmittelbar auf. Im „Fluss der Zeit" spiegeln sich die *in* das moderne Zeitkonzept eingelassenen Tendenzen zur Aushöhlung seiner eigenen ökologischen und sozialen Grundlagen wider: Sichtbar wird ein Zeitmuster, das jetzt erst – in der Übergangszeit zur „zweiten -" oder „Postmoderne" – in Bezug auf die von ihm ausgehenden dramatischen Konsequenzen *erahnt* werden kann. Der „Fluss der Zeit", der sich gegenwärtig in einen rasenden, wirbelnden Strom zu verwandeln droht, beginnt jetzt damit, alles mitzunehmen, was ihm bislang das „Andere" gewesen war – ausgerechnet jene Sphären einzureißen, in die er sich bislang „eingebettet" wähnte: Im ökologischen wie im sozial lebensweltlichen Raum bricht gerade das weg, was aus der Perspektive moderner Gesellschaften und ihrer Ökonomien als das

---

* Sabine Hofmeister lehrt an der Universität Lüneburg im Fachbereich IV: Umweltwissenschaften.

1 Robert Musil: Der Mann ohne Eigenschaften, Reinbek 1988, S. 445

„Reproduktive" galt – die unhinterfragten, selbstverständlichen Voraussetzungen des ökonomisch-technischen Systems, das sich als einziges produktiv wähnt.

Trennung und Verbindung der Zeiten

Musils Metapher steht in seiner kritischen Bedeutung für die moderne Konzeption von Zeitlichkeit – für ein Zeitverständnis, das systematisch *trennt* zwischen den Zeiten: zwischen den ökonomisch-technischen, den sozialen und kulturellen sowie diese beiden Zeitsphären abzutrennen sucht von den Zeiten der Natur. Die Ablösung der linearen, rechenbaren, ökonomischen Zeit von den rhythmisch organisierten, vielfältigen Zeiten der Natur und der sozialen Lebenswelt ist Ausdruck der die Industriemoderne prägenden dichotomen Struktur, in der die vermeintlich reproduktiven Bereiche von den produktiven getrennt erscheinen. Die Trennung der Zeiten ist also Teil einer umfassenderen Trennung: Die Trennungen zwischen Kultur und Natur, zwischen Arbeit und Nicht-Arbeit, zwischen Wertvollem und Unproduktivem und schließlich zwischen sozial Männlichem und Weiblichem – allesamt sind sie in einem einzigen Paradigma verankert, das ein Äquivalent in den Zeiten hat. Die Konstruktion des Abgespaltenen hat in dieser radikalen Form ihren historischen Ort in der Industriemoderne. An der Schwelle des Übergangs von der „ersten" in die „zweite Moderne" ist sie praktisch in Auflösung begriffen.

Und in diesem Prozess erweist sich Musils Zeit-Metapher als visionär, sie weist über das moderne Zeitregime weit hinaus. Der „Fluss der Zeit hat seine Ufer mitgenommen". Ja, anders als angenommen, haben sich die „Ufer", die vermeintlich reproduktiven Systeme – Natur- und sozial weibliche Produktivität – nicht als *konstant* erwiesen, sondern sie sind durch die Praxis industrieller Ökonomie hindurch umgestaltet und in einer jetzt als destruktiv erlebten Form erneuert worden. Was bisher unhinterfragte, selbstverständliche Voraussetzung des Ökonomischen gewesen war – die (Re)Produktivität sozial-lebensweltlicher und ökologischer Prozesse – erweist sich nun mehr und mehr auch als dessen *Ergebnis*.

Die Folgen dieser zunächst bewusstlos hingenommenen Entwicklung werden sichtbar: Durch die Praxis des Industriesystems hindurch sind die Grenzen zwischen den Zeiten schon irreversibel eingebrochen. Dies wird augenscheinlich mit Blick auf die natürlichen Zeitmuster: Gerade auch anhand der deutlich zunehmenden Hochwasserkatastrophen, deren Verursachungsmomente sich nicht unterscheiden lassen in anthropogene vs. ökologische, die sich von Naturkatastrophen zu „KulturNaturkatastrophen“ entwickelt haben, wird sichtbar, dass der Damm zwischen Kultur und Natur längst gebrochen ist. An diesem Beispiel lässt sich zeigen, dass und wie weit instrumentelle Eingriffe in Naturzeiten (hier: der Versuch der Entrhythmisierung durch Begradigung und Verbauung) neue „Naturzeiten“ hervorzubringen im Stande sind, die wiederum kontraproduktiv in die Sphäre sozialer und ökonomischer Zeitregime zurückwirken (wenn, z.B. wie im letzten Jahr, hohe gesellschaftliche Kosten für den Ausgleich der Schäden aufgewendet werden müssen). Mit Blick auf sozial lebensweltliche Zeitmuster, auf die (re)produktiven Sorge- und Fürsorgezeiten, die infolge von Beschleunigung und Ausdehnung ökonomischer Zeitformen augenscheinlich mehr und mehr „wegzubrechen“ drohen, gilt dasselbe.

Die neue Zeit – der „Strom der Zeit“ – reißt jetzt offenbar auch die Zeitkonzeption der (alten) Industriemoderne mit: Jene Zeitgestalt, die sich auf die „große Trennung“[2] zwischen Kultur und Natur berufen hatte. Sie ist in Auf- und Ablösung begriffen: Die moderne Illusion des Fortschritts verliert ihr *Gegenüber*: Der Fluss (moderner) Zeit, der sich mit zunehmender Geschwindigkeit auf den Horizont als einen Ort jenseits Raum und Zeit zu bewegt, bemerkt jetzt, dass das „Bett“, in dem er sich seit mehr als zwei Jahrhunderten eingerichtet und organisiert hatte, nicht einfach „da“ ist, sondern „gemacht“ wird. Der „Fluss“ hat seine „Ufer“ seit je mit sich geführt.

Die moderne Konzeption von Zeit, in der die in sie eingelassenen Zeitlichkeiten dichotom und gegensätzlich organisiert sind, beginnt jetzt an ihren beiden Seiten aufzubrechen: Die Vorstellung von einer linearen, historischen Zeit als *Fortschrittsidee* konzipiert bricht auf, weil sie arm geworden ist an Fortschrittsversprechen: dort, wo Optionen auf künftige Zeitgestalten mit untergehen, mitgerissen und ausgelöscht werden von einer als gewaltsam erlebten Dynamik moderner (oder auch schon „postmoderner“) Zeit. Und zugleich droht das Fundament des modernen Zeitpfeils „Fortschritt“ – die vermeintlich konstante Natur – zu brechen. Der „Strom der Zeit“ hat sein Bett schon verlassen. Alles, was für *Bestand* gehalten worden war, stellt sich nunmehr als äußerst unbeständig heraus: als ökonomisch-technisch modifizierbar, im Ergebnis jedoch als nicht vorhersehbar und kontrollierbar. Fortschrittsversprechen und Naturkonstanz offenbaren sich jetzt als die zwei Seiten einer einzigen, uneingelösten Verbindlichkeit moderner Zeitkonzeption, die sich jetzt selbst als unbeständig erweist.

---

2 Bruno Latour: Wir sind nie modern gewesen, Frankfurt am Main 1998

Doch liegt in dieser Ent-Täuschung nicht zugleich auch eine Chance? Überall dort, wo die Spannungen zwischen den (ökonomischen, ökologischen, sozialen und kulturellen) Zeiten deutlich werden, wo die ausgefransten, erodierten „Ufer" sichtbar werden und die Ahnung sich verdichtet, dass der Fluss der Zeit ein Fluss ist, der sich sein „Bett" selbst bereitet, überall dort zeigt sich, dass es ausgerechnet die *Produktivität* des vermeintlich Reproduktiven ist, auf der die Industriemoderne beruht. Das abgespaltene „Andere" wird jetzt mehr und mehr im „Eigenen" entdeckt – ja, gar als der produktive Kern hierin. Jene Leistungen, die bislang der (ökologischen und sozialen) „Natur" zugeschlagen worden waren, werden im Übergang zur postindustriellen Gesellschaft als ökonomische Leistungen „erfunden": So bemerkt die Dienstleistungsgesellschaft jetzt, dass ihre spezifische, die ihr eigentümliche Produktivität das sozial „Weibliche", also die Produktivität des zuvor Abgespaltenen ist. Ebenso werden sich neue ökonomisch-technische Komplexe mehr und mehr über die Produktivität der ökologischen Natur bewusst: Biodiversität wird als eine „Ressource" entdeckt. Das Prozesshafte, Zeitliche, Unbeständige im Ökologischen stellt sich als primäre Produktivkraft heraus.

In dieser Entwicklung lassen sich die ökologischen und sozialen Folgen jener modernen Idee von Zeitlichkeit nicht mehr länger übersehen und verdrängen: Die Hochwasserkatastrophen im Sommer 2002 werden als Zeichen der Krise *gesellschaftlicher Naturverhältnisse* gelesen. Und es schält sich ein Bewusstsein darüber heraus, dass die sog. „ökologischen Krisenphänomene" nicht etwa vorläufige, reversible Erscheinungsbilder sind, die wir unter Begriffe wie „Umweltverschmutzung" subsumieren könnten, sondern es sich hierbei um ein gesellschaftliches Naturprodukt handelt, das wir irreversibel gestaltet haben. Dasselbe gilt für die sozial lebensweltliche Sphäre: Auch im Blick auf die Geschlechterverhältnisse bildet sich ein Bewusstsein aus, dass es sich nicht etwa um „naturwüchsige", sondern um soziale Verhältnisse handelt – auch hier zeichnet sich eine sich zuspitzende krisenhafte Entwicklung ab. Was beides – die Krise gesellschaftlicher Geschlechter- und Naturverhältnisse – nicht voneinander unterscheidet, ist ihre Verankerung in der Trennung zwischen den Zeiten. Beide Phänomene stehen für eine einzige

---

3 Rodenstein, Marianne; Bock, Stephanie; Heeg, Susanne: Reproduktionsarbeitskrise und Stadtstruktur. Zur Entwicklung von Agglomerationsräumen aus feministischer Sicht, in: Akademie für Raumforschung und Landesplanung (ARL) (Hrsg.): Agglomerationsräume in Deutschland: Ansichten, Einsichten, Aussichten, Forschungs- und Sitzungsberichte 199, Hannover 1996, S. 26 - 50

Krise: für die *Krise des Reproduktiven*. Die „Krise der Reproduktionsarbeit“[3] und die „ökologische Krise“ sind gleichursprünglich.

Wenn nach Wegen aus der Krise gefragt wird, gilt es daher, gerade die bislang verleugneten Verbindungen zwischen den Zeiten, die „Ökologie der Zeit“ ins Blickfeld zu rücken[4] – und zwar dort, wo zu den Ursachen und zu möglichen Problemlösungen mit Blick auf jene Krisenerscheinungen *geforscht* wird und dort, wo *politische* Problemlösungen ansetzen.

Zeitforschung ist Nachhaltigkeitsforschung

„Die akademische ‚Zweiteilung der Welt' in ‚Natur' als dem Forschungsgebiet der Naturwissenschaften und in ‚Kultur' als dem Forschungsgebiet der Sozial-, Geistes- und Humanwissenschaften (hat) ‚auf dem Feld der Zeitforschung kaum brauchbare Resultate geliefert.“ (Norbert Elias[5])

Was Norbert Elias hier für die „Zeitforschung“ benennt – dass die „Zweiteilung der Welt“ Erkenntnisse über die Welt systematisch verstellt – mag für andere Forschungsfelder genauso oder gar noch viel mehr gelten. Doch mit Blick auf die Zeitforschung fällt dies unmittelbar ins Auge, wird gar als hinderlich erlebt. Und das ist ermutigend. Nicht zufällig haben Zeitforscher/innen besondere Möglichkeiten, die noch festgezurrten Grenzen zwischen den Wissenschaften und Fachkulturen zu überwinden. Das Hineindenken der Zeit in die Fachwissenschaften weist auf die Inkompatibilität der Denkansätze entlang heterogener, unvereinbarer Zeitbegriffe hin. Es kann also Anomalien hervorbringen, die wiederum – indem sie „wissenschaftliche Revolutionen“ anzustoßen vermögen[6] – konstruktiv in den Wissenschaftsprozess zurückwirken. Im Denken über die Zeit und entlang der Zeiten gestalten sich Übergänge, Verbindungen zwischen den Wissenschaften. Es führt zu interdisziplinären Netzwerken zwischen Wissenschaftlern/innen verschiedener Fachdisziplinen. Diese hierin enthaltene Chance gilt es jetzt auszubauen und zu nutzen, um die Reichweite zeitbezogener Forschungen zu vergrößern.

Zeitpolitik meint also auch und gerade *Wissenschafts- und Forschungspolitik*. Der „Elfenbeinturm“ selbst ist renovierungsbedürftig geworden: Es braucht eine innovative Forschungs- und Bildungspolitik, die ausgehend von der Frage nach den Zeiten Brücken zwischen den Wissenschaftstraditionen zu schla-

4 Vgl. auch Held i.d.B.

5 Norbert Elias: Über die Zeit (1988), zitiert nach Michel Baeriswyl: Chillout. Wege in eine neue Zeitkultur, München 2000, S. 93

6 Thomas S. Kuhn: Die Struktur wissenschaftlicher Revolutionen, Frankfurt am Main 1976

gen im Stande ist, um Problemlösungen zu entwickeln. In dieser Bedeutung wiederum wird Zeitforschung zu *Nachhaltigkeitsforschung*. Denn mit der politisch-programmatischen Festlegung auf einen nachhaltigen Entwicklungsweg seit der Rio-Konferenz 1992 stellt das Integrationsgebot – d.h. eine ökonomische, ökologische und sozial-kulturelle Ziele integrierende Entwicklung – auch die Forschung vor neue Herausforderungen und Aufgaben. Integrierte Problemlösungen verlangen nach integrierten Problemanalysen, nach interdisziplinären Forschungskulturen. So werden nicht zufällig dort, wo sich die Forschung dem Leitbild Nachhaltige Entwicklung verpflichtet und seine Operationalisierung ernst zu nehmen begonnen hat, entlang zeitbezogener Forschungsfragen interdisziplinäre Arbeitszusammenhänge initiiert[7] und dort, wo die Zeit wissenschaftlich in den Blick genommen wird, in der Konsequenz Nachhaltigkeitsforschung betrieben[8].

Fachdisziplinen übergreifende Zeitforschung knüpft an an die Konzeption *„Timescapes"*: Ausgehend hiervon wird das Augenmerk auf die Netze, in die unterschiedliche Zeiten eingebunden und in denen sie miteinander verbunden sind, gerichtet[9]. Möglichkeiten des Zusammen- und Neudenkens öffnen sich – Möglichkeiten, die es gerade im Blick auf handlungs- und problemlösungsorientierte Forschungsergebnisse zu nutzen gilt. Ein solcher wissenschaftlich-analytischer Zugang wird für eine künftige Zeitpolitik – besser: für *Zeitpolitiken* – handlungsleitend werden. Wo Zeitforscher/innen die Grenzen zwischen den fachdisziplinären „Welten" überwinden, weil sie die Grenzen zwischen den Zeiten – in ihren noch vorhandenen Beständen und in ihren schon sichtbaren Auflösungserscheinungen – besser zu verstehen beginnen, wo sie also Orte der Grenzüberschreitung, Orte der Vermittlung, Zwischenräume als „Spiel-Räume" zu schaffen und zu nutzen im Stande sind, führen sie Diskurse zusammen und öffnen damit neue: Diskurse, die integrierende Zeitpolitiken dies- und jenseits von Wissenschaft und Forschung vorbereiten, unterstützen und gestalten helfen.

Zeitpolitik ist Nachhaltigkeitspolitik

Zeitpolitik ist notwendig ein differenziertes und ein differenzierendes Feld - ein Politikfeld, das grenzüberschreitend angelegt ist. Zeitpolitik kommt um

7 Vgl. exemplarisch den Arbeitskreis Raumzeitpolitik der ARL, Dietrich Henckel und Matthias Eberling (Hg.): Raumzeitpolitik, Opladen 2002.

8 Vgl. exemplarisch die Tutzinger Projektgruppe „Ökologie der Zeit", Martin Held i.d.B.

9 Barbara Adam: Timescapes of Modernity, London, New York 1998 sowie Sabine Hofmeister, Meike Spitzner (Hg.): Zeitlandschaften, Stuttgart, Leipzig 1999

Querschnittsorientierung nicht herum – ist keine Aufgabe, die sich auf irgendeine Weise „schubladisieren“ ließe: So ist z.B. zeitbewusste Raum- und Verkehrspolitik schon immer zugleich auch Sozial- und Gleichstellungspolitik, Wirtschafts- und Technologiepolitik, Kultur- und Wissenschaftspolitik sowie notwendig in allen ihren Facetten ökologisch orientierte Politik[10]. Weil sie sich auf Grenzüberschreitungen zwischen den Ressortpolitiken einlassen muss – weil Zeitpolitik also notwendig integriert angelegt ist – hat sie die besten Voraussetzungen, die Ziele Nachhaltiger Entwicklung voranzubringen. Zeitpolitik wird zu *Nachhaltigkeitspolitik*.

Die ausgehend von dem Leitbild Nachhaltigkeit im Zentrum stehenden Gerechtigkeitsgebote, insbesondere das Gebot der Generationengerechtigkeit, erfordern den Blick auf die Prozesse und die ihnen inhärenten Zeitlichkeiten. Diese Herausforderung geht jedoch weit über die häufig und konsensual diskutierte „Langfristperspektive“ hinaus: Nachhaltige Entwicklung erfordert nicht nur Vorausschau, sondern Vor-Sicht, Um-Sicht und Rück-Sicht. Es gilt, die den ökonomisch-technischen, den sozial-kulturellen und den ökologischen Prozessen innewohnenden Zeitmuster miteinander zu vermitteln – sie zu synchronisieren (Tempi) und strukturell anzupassen (Takte – Rhythmen).

Ausgehend von ihrer Querschnittsorientierung und einer notwendig systemübergreifenden Perspektive wird Zeitpolitik oft mit dem schon vergleichsweise etablierten Politikfeld Umweltschutz verglichen. Und tatsächlich ließen sich aus dieser Analogie wesentliche Gesichtspunkte ableiten: zum einen über die Form der *Institutionalisierung* von Zeitpolitik. Dem Querschnittscharakter der ressortübergreifenden Aufgaben wird nur entsprochen werden, wenn sie als *Zeitpolitiken* ausbuchstabiert und dementsprechend querschnittsorientiert und möglichst dezentral angelegt werden. Es kommt also nicht darauf an, ein neues Politikfeld (oder gar ein „Ressort“) zu schaffen, sondern Zeitpolitik wäre in die verschiedenen Politikbereiche einzubetten, um von hier aus vernetzt wirksam werden zu können. Noch ein zweiter Gesichtspunkt rückt in der Analogie zur Umweltpolitik in das Blickfeld: Zeitpolitik ist von vornherein konsequent *vorsorgeorientiert* auszurichten. Eine reagierende Politik der Problemverlagerung – eine Politik, die dem Wandel ökonomischer Zeitmuster lediglich hinterher läuft, um die gravierendsten Folgen dieser Entwicklung abzufedern oder bestenfalls zu mildern – kann nicht nachhaltig sein. So wäre es bspw. falsche Zeitpolitik, auf der Grundlage chronobiologischer Erkenntnisse über menschliche Rhythmen die nächtlichen Lichtverhältnisse in Büro-

10 Vgl. u.a. Henckel, Eberling a.a.O. sowie Eberling i.d.B.

häusern und Fabrikhallen zu verbessern. Viel mehr käme es darauf an, auf die (physiologischen und psychologischen) Folgen der Nachtarbeit im politischen Raum beharrlich hinzuweisen, und zwar mit dem Ziel, eine zeitbewusste Gestaltung und Umgestaltung von Betriebs- und Arbeitszeiten voranzubringen. Zeitpolitik ist daher von vornherein als *Vorsorgepolitik* anzulegen. Und dies weist auf einen dritten Aspekt hin, in Bezug auf welchen auf die Erfahrungen aus der Entwicklung des Politikfelds Umweltschutz aufgebaut werden kann: Es ist in mehr als dreißig Jahren Umweltpolitik nicht bzw. nicht umfassend gelungen, das (als ein ökonomisches Prinzip angelegte) Verursacherprinzip zu realisieren. Es darf nicht darum gehen, in dem Versuch, vielfältige Zeitmuster aufeinander abzustimmen, bei der Wahl der Handlungsstrategien und Instrumente einseitig auf *ökonomische* Kalküle zu setzen (und damit implizit einer einzigen Zeitform Dominanz über die anderen einzuräumen). Die Erfahrungen mit der Öko-Steuer, der Abwasser-Abgabe u.a. haben gezeigt, dass das (neoklassische) ökonomietheoretische Modell allein nicht zur Ableitung von politischen Verfahren taugt, wenn es darauf ankommt, ökologische Probleme konsequent zu vermeiden. Eine Strategie der „Internalisierung externer Effekte" scheitert in der Umsetzung nicht nur daran, dass sich Kosten und Nutzen nicht 1:1 monetarisieren und nach dem Verursacherprinzip zuordnen lassen. Das diesem politischen Handlungskalkül vorausgehende und in es eingeschriebene Menschen- und Naturbild der Ökonomik selbst ist wirklichkeitsfern: Naturproduktivität geht eben nicht auf im Begriff (knapper) „Ressourcen", „öffentlicher Güter", und ebenso so wenig lässt sie sich beschreiben als ein (konstant zu haltender) „ökologischer Kapitalstock"[11]. Genau dasselbe lässt sich für die soziale Lebenswelt zeigen: Die aus der Sorge für sich und andere motivierten Versorgungs- und Fürsorgetätigkeiten stellen eine besondere Produktivität dar, die innerhalb der (neoklassischen) Ökonomik nicht ausreichend beschrieben und erklärt werden kann[12]. So ist

11 Zur Bedeutung dieses Terminus in der Theorie Ökologischer Ökonomie vgl. u.a. Herman E. Daly: Wirtschaft jenseits von Wachstum. Die Volkswirtschaftslehre Nachhaltiger Entwicklung, Salzburg, München 1999. Kritisch hierzu Adelheid Biesecker und Sabine Hofmeister: Vom nachhaltigen Naturkapital zur Einheit von Produktivität und Reproduktivität, in: Held, M., Nutzinger, H. (Hg.), Nachhaltiges Naturkapital. Ökonomik und zukunftsfähige Entwicklung, Frankfurt am Main, New York 2001, S. 154 – 178.

12 Vgl. hierzu Maren Jochimsen: Sorgearbeit in personenbezogenen sozialen Dienstleistungen als Herausforderung an die ökonomische Theoriebildung, in: zfwu 4/1 2003 (im Erscheinen)

bspw. die Vorstellung, (Für)Sorge für Kinder ließe sich darstellen als ein Vorgang der Produktion von „Haushaltsendprodukten“, der nach Kosten-Nutzen-Erwägungen organisiert würde[13], irreführend – und zwar insbesondere deswegen, weil sich in diesem Verständnis die besonderen, Sorgearbeiten prägenden Zeitmuster nicht abbilden lassen. Die Konzeption „Timescapes“ verweist auf die Vielfalt der Zeiten. Ein hieran anknüpfender zeitpolitischer Zugang wird sich sowohl in der Perspektive auf ökologische als auch auf sozial-lebensweltliche Probleme nicht mit der Definition von Bestandsgrößen begnügen dürfen. Vielmehr wird sich der Blick auf die *Prozesse* und die in diese eingelassenen Zeitlichkeiten zu richten haben.

In Analogie zur Umweltpolitik wird also sichtbar, dass Zeitpolitik erstens verankert sein muss in der Vielfalt der Zeiten und dementsprechend Handlungsstrategien und Instrumente vielfältig auszugestalten hätte, dass zweitens reagierende Handlungsstrategien („Nachsorge“) zur Verlagerung von Problemen, nicht aber zu deren Lösung führen, Zeitpolitik also a priori und konsequent als *Vorsorgepolitik* auszugestalten wäre, und schließlich drittens, dass Zeitpolitik von vornherein *quer* zu den Ressortpolitiken anzulegen wäre, mit Querschnittsfragen und –forderungen sukzessive in die verschiedenen Politikfelder einzudringen hätte, um die Zwischenräume zwischen jenen zu öffnen, sie auszuleuchten und auszugestalten.

Um abschließend noch einmal die Metapher von Musil aufzugreifen: Auf Vorsorge verpflichtete, proaktive und integrative Zeitpolitik wird sich bewusst sein, dass der „Fluß der Zeit seine Ufer mitführt“ – dass er prinzipiell sein Bett nicht nur „sucht“, sondern es (so oder so) auch gestaltet. Zeitforscherinnen und Zeitpolitiker hätten also die Diversität der Zeit im Auge zu haben und zu behalten, um sie in neuen Entwürfen von denk- und wünschbaren Zeitgestalten für die Zukunft zu verankern. Zeitpolitik als Nachhaltigkeitspolitik auszubilden und anzulegen, bedeutet daher zuerst, die allzu lange verdrängten RaumZeitGefüge in das Zentrum eines *emanzipatorisch* verstandenen Politikkonzepts zu stellen – sie in ihrer Vielfalt (wieder) sichtbar und erlebbar zu machen. Auf diese Weise könnte Zeitpolitik in entscheidendem Maße dazu beitragen, den durch die Zeiten hindurchgehenden Riss zwischen Kultur und Natur, Ökonomie und Ökologie, Markt- und Versorgungswirtschaft, zwischen den sozialen Geschlechtern Mann und Frau sowie schließlich den Riss zwischen Herstellen, Wiederherstellen und Erneuern zu überwinden.

---

13 Vgl. Gary S. Becker: The economic approach to human behavior, Chicago u.a. 1976.

Alltag einer Studentin – 2001
(Jana Cichosz)

Elke Schünemann*

Alltag im Dauerlauf.
Vereinbarkeit von Beruf und Familie, ein (Zeit-)Problem nur der Frauen?

Zeitnot im (Frauen-)Alltag

Das Thema „Vereinbarkeit von Familie und Beruf" ist nicht neu, im Gegenteil: die Frage danach, welche Bedingungen notwendig sind, um Erwerbsarbeit mit dem Aufgabenkomplex der Familienversorgung „unter einen Hut zu bringen", beschäftigt die Gemüter bereits seit einigen Jahrzehnten. Die Diskussion hierzu wurde bisher allerdings nicht geschlechtsneutral geführt: in der Regel bedeutete die Formel „Vereinbarkeit von Beruf und Familie" eine Gleichsetzung mit der Frage nach der Vereinbarkeit der beiden Lebensbereiche für *Frauen*!

Das Problem der Zeitnot im Alltag berufstätiger Frauen stellte sich lange Zeit als privates, individuelles Problem, sozusagen als ihr „Schicksal" dar, und die Frauen reagierten darauf zunächst meist auch mit individuellen Lösungen. Erste Ansätze sahen vor allem Netzwerke aus den eigenen (Frauen-) Reihen vor, um sich gegenseitig zu unterstützen und den gemeinsamen Alltag zu erleichtern. Vielen Frauen wurde jedoch klar, dass ihre Alltagsprobleme sich langfristig nur lösen lassen, wenn gemeinsam politische Forderungen formuliert und deren Umsetzung forciert würden; das Motto der deutschen Frauenbewegung war denn auch: „Das Private ist öffentlich."

Die Zeitnot im Alltag hat trotz vieler technischer und anderer Erleichterungen für die Frauen an Brisanz nicht verloren. Nach wie vor liegt die überwiegende Organisationsarbeit des Alltags fast allein in Frauenhänden (letztlich auch beim Delegieren von Haushaltsaufgaben nach außen, hier dann wiederum an Frauen: Kinder*frau*, Bügel*frau*, Putz*frau*, etc.)! Während sich der Männeralltag immer noch überwiegend ganz klassisch am „Normalarbeitstag" (plus Überstunden!) orientiert, bleibt die Zuständigkeit für die gesamte Versorgungsarbeit fast ausschließlich bei der Frau und Mutter. Der Organisa-

* Geographin in Bremen.

tionsaufwand für den Alltag sowie für auftretende zusätzliche Arbeitsspitzen bei „Notfällen“ geht somit komplett vom Kraft- und Zeitbudget der Frauen ab - Zeit, die zur vollen Ausschöpfung ihrer Kreativität, Effektivität, Konzentration in allen Lebensbereichen sowie auch der Regeneration fehlt!

Der männliche (Arbeits-)Alltag blieb demgegenüber trotz zunehmender Berufstätigkeit von (Familien-)Frauen weitgehend unangetastet. Obwohl die Familienorientierung der Männer zunimmt, liegt der Anteil von Vätern an den Beschäftigten in Elternzeit derzeit bei 1,8 % gegenüber 98,2 % Frauen[1]. Dem männlichen Teil der Bevölkerung sind somit die Anforderungen an den Alltag mit Kindern und/oder anderen zu betreuenden Personen überwiegend erspart und somit verschlossen geblieben, sodass die daraus entstehenden Notwendigkeiten auch keinen Eingang in ihren Berufsalltag und damit in (bisher noch vorwiegend von Männern getroffene) maßgebliche gesellschaftliche Entscheidungen finden.

Alltägliche Zeiten und Zeitpolitik

Ein von der italienischen Frauenbewegung ausgegangener zeitpolitischer Ansatz zur Lösung des Problems der Vereinbarkeit von Beruf und Familie, zielte darauf, den Frauenalltag unter zeitlichen Gesichtspunkten zu optimieren, indem ihre Zeitumgebung analysiert und verändert wird. Z. B. sollten die Ladenöffnungs- und Kinderbetreuungszeiten sowie die Zeiten des öffentlichen Personennahverkehrs etc. auf die weiblichen Ansprüche und Bedürfnisse abgestimmt werden, um die Situation berufstätiger Mütter zu verbessern.[2]

Es reicht aber nicht aus, zeitpolitisch den Lebensalltag von berufstätigen Müttern zu erleichtern, ohne dabei den Lebensalltag von Männern und somit auch von berufstätigen Vätern zu tangieren. Denn zwischen dem bisher fast unveränderten System der männlichen Arbeitswelt und dem Problem der Nichtvereinbarkeit von Familie und Beruf für Frauen besteht ein direkter Zusammenhang. Bei der Betrachtung von hochqualifizierten Positionen wird dieser besonders gut sichtbar: hier wird für die Zukunft ein starker Mangel an Arbeitskräften prognostiziert, und Frauen sind für diese Tätigkeiten aufgrund der ihnen zugesprochenen (und von der Wirtschaft zunehmend

1 „Vereinbarkeit von Beruf und Familie verbessern“, E-Quality Management, Online Informations- und Beratungsservice, 20.10.2002, S. 91 (http://www.e-quality-management.de).

2 Vgl. den Beitrag von Ulrich Mückenberger in diesem Band.

gewünschten) Kernkompetenzen besonders geeignete Bewerberinnen. Doch gerade im Führungsbereich gibt es bisher die geringsten Anzeichen von Veränderungsbereitschaft; hier scheint nicht einmal Teilzeit denkbar. Daran wird deutlich, wie eng die Zeit- sowie die Vereinbarkeitsprobleme der Frauen an die arbeitszeitlichen Muster der Männer/Väter gekoppelt sind. Daraus resultiert ein Teufelskreis: die Mütter brauchen zur Ermöglichung ihrer Erwerbstätigkeit die Entlastung durch partnerschaftliche Umverteilung der Aufgaben der Versorgungsarbeit – diese scheitert aber in aller Regel an den „falschen", d. h. starren Zeitregimes in der Arbeitswelt, die für die Männer (unter Außerachtlassung etwaiger Familienpflichten) gelten.

Erst wenn sich hier strukturelle Veränderungen abzeichnen und die gesellschaftliche Akzeptanz für männliche Familienarbeit zunimmt, wird es auch kein individuelles Problem einzelner Männer mehr sein, ihre Bedürfnisse nach mehr Zeit für die Familie umzusetzen. Denn die Lösung des Problems der „Vereinbarkeit" hängt nicht zuletzt von der Beseitigung vieler Glaubenssätze in den Köpfen ab: laut einer aktuellen Studie des Stern-Special „Campus & Karriere"[3] betrachten viele deutsche Personalchefs (männlich!) die „Vereinbarkeit von Beruf und Familie" immer noch sehr kritisch. Die Befragten sehen bei Führungskräften, die Kinder haben und flexible Arbeitszeiten nutzen „Akzeptanzprobleme mit Mitarbeitern, Kollegen, Chefs und Kunden"[4], sie befürchten außerdem Abstimmungsprobleme und mangelnde Information.

Demgegenüber zeigen bereits heute betriebliche Erfahrungen im In- und Ausland (z. B. in Schweden und in den Niederlanden), dass mit verändertem Aufgabenzuschnitt und verstärkter Delegation von Verantwortung „Teilzeittätigkeit auch in höheren Fach- und Führungsebenen durchaus machbar ist – und zwar bei gleichzeitig steigender Effizienz und ohne den finanziellen Lebensstandard der Beschäftigten zu gefährden"[5]. Ein gelungenes Beispiel für die Förderung von Teilzeitführungskräften (unter dem Motto: „mehr Frauen ins Management") in Deutschland bietet die bremische Niederlassung der amerikanischen Firma Kraft Foods, in der sich vor einigen Jahren eine innerbetriebliche Arbeitsgruppe (die „Diversity Task-Force") mit dem Interesse

3 „Unter einem Hut", taz Bremen, Nr. 6882 vom 19.10.2002, S. 29.

4 Ebenda.

5 „Vereinbarkeit von Beruf und Familie verbessern", E-Quality-Management, Online Informations- und Beratungsservice, 20.10.2002, S. 94 (http://www.e-quality-management.de).

bildete, den Mitarbeiter/inne/n in ihrer Unterschiedlichkeit und Vielfalt der Lebensstile und –bedürfnisse durch mehr (zeitliche) Flexibilität zu einer verbesserten „work-life-balance“ zu verhelfen[6].

Wie kann Zeitpolitik die alltägliche Zeitnot lindern helfen?!

Work-life-balance, die „Balance von Arbeit und Leben“, ist mittlerweile ein gängiger Begriff, der auf der einen Seite das Bedürfnis beider Geschlechter nach einer Vereinbarkeit von Erwerbsarbeit, Nichterwerbsarbeit und allen anderen Facetten des (eigenen) Lebens widerspiegelt, und auf der anderen Seite auch aus unternehmerischer Sicht zunehmend als Wettbewerbsvorteil verstanden wird. So hat die 1974 gegründete Gemeinnützige Hertiestiftung Ende der 90er Jahre nach zahlreichen Forschungen über Bedingungen und Nutzen einer familienfreundlichen Unternehmenspolitik das „Audit Beruf & Familie“ entwickelt, welches in einer dreijährigen Pilotphase bereits vielfach erfolgreiche Anwendung in der Wirtschaft fand. Ein Beispiel dafür, wie Unternehmen zur Entwicklung zeitlicher Spielräume ihrer Mitarbeiter/innen beitragen können, zeigt folgende Abbildung:

Abb.: Betriebliche Handlungsmöglichkeiten – Flexibilisierungsoptionen und familienfreundliche Arbeitszeitmodelle

Quelle: „Vereinbarkeit von Beruf und Familie verbessern“, E-Quality Management, Online Informations- und Beratungsservice, 20.10.2002, S. 93 (http://www.e-quality-management.de).

6 „Diversity – Vielfalt als Kultur“, Kraft Foods Deutschland GmbH & Co. KG, 2001.

Den genannten innerbetrieblichen Flexibilisierungsmaßnahmen sind außerdem die Forderung nach verbesserter (auch betriebsbezogener) Kinderbetreuung sowie der grundsätzlichen Reduzierung der „Normal"-Arbeitszeit (z. B. 30-Std.-Woche) hinzuzufügen.

In Verbindung mit städtebaulich günstigen Rahmenbedingungen („Stadt der kurzen Wege", Mehrgenerationen-Wohnprojekte, etc.) sowie einer stärkeren gesellschaftlichen Akzeptanz und Integration verschiedener Lebenstempi (bisher Kinderrhythmen *versus* Berufsalltagstempo) ließen sich realistische zeitliche Frei- und Spielräume für alle Menschen erschließen!

Grundbedingung für reale Wahlmöglichkeiten beider Geschlechter bezüglich ihrer Lebensentwürfe sind m.E. genau diese zeitlichen Spielräume, die in Wechselwirkung stehen zu egalitären Ausgangsbedingungen, was konkret heißt: Chancengleichheit in Ausbildung/Qualifikation, Entlohnung (weg vom Familienernährer-Lohn und -Steuersystem), etc.

Ein Ansatz mit Aussicht auf Erfolg könnte hier das „Gender Mainstreaming" sein: ein nunmehr nicht mehr ganz neuer Politikansatz, der mit dem Ziel der Gleichstellung der Geschlechter über die bisherige Frauenförderung hinausgehen will. Das Anliegen des Gender Mainstreamings ist es, durch Neugestaltung und Evaluierung aller Entscheidungsprozesse zu gewährleisten, dass sowohl in allen Politikbereichen als auch auf allen anderen gesellschaftlichen Ebenen durch die dort Verantwortlichen der Blickwinkel der Gleichheit zwischen Frauen und Männern mit oberster Priorität eingenommen wird. So wären hier auch Themen wie Erziehungsurlaub (jetzt „Elternzeit") u.ä. unter der Fragestellung neu zu beleuchten, welche Auswirkung der derzeitige Modus auf das Leben von Frauen hat bzw. welche Maßnahmen die spezifischen Lebenssituationen von Frauen (und Männern) verbessern könnten. Produkt solcher Betrachtungen sollten dann die geeigneten gesetzlichen Bestimmungen sein, welche mit stark verpflichtendem Charakter in ihrer Wirkkraft weit über das Ausmaß bisheriger Regelungen hinausgehen. Denn nur dann können sich zukünftig u.a. auch die Einkommen sowie die Leistungen der Altersvorsorge für beide Geschlechter gleich entwickeln, was heute noch nicht realistisch erscheint.

Nicht zuletzt sind auch die Gewerkschaften als wichtige gesellschaftliche Akteure zukünftig stärker gefordert, sich den Fragen nach dem „Umgang mit (eigener) Zeit", „Selbstwert durch Erwerbsarbeit", „Arbeitssucht", „Gesellschaftliche Notwendigkeit von unbezahlter Sorgearbeit beider Geschlechter", etc. vor allem auch in Zeiten hoher Arbeitslosigkeit zu widmen. Denn nach wie vor hängt gerade das männliche Selbstbild in hohem Maße von der beruflichen Stellung sowie vom Umfang der täglich verbrachten Arbeitszeit ab.

Langfristig wird sich das Problem der Vereinbarkeit von Beruf und Familie nur lösen lassen, wenn der Begriff „Vereinbarkeit“ auf beide Geschlechter bezogen wird. Es geht dabei um die Frage der Umverteilung der Familien- und Sorgearbeit zwischen den Geschlechtern, die sich nur durch einen starken und vielfältigen Veränderungsdruck auf die bisherige Arbeitswelt, insbesondere die zeitlichen Arbeitsstrukturen und Bezugspunkte, durchsetzen kann. Die Forderung nach „Vereinbarkeit von Beruf und Familie“ ist somit gleichbedeutend mit der Forderung nach einer familienfreundlichen Arbeitswelt und Gesellschaft. Zwei der wichtigsten Kriterien hierfür sind sicherlich die Entwicklung zeitlicher Spielräume sowie reale Wahlmöglichkeiten für beide Geschlechter, wie sie im Ansatz diskutiert wurden.

Gudrun Sahlender-Wulf* und Herbert Wulf**

Zeitnot.
Überlegungen zu einem Phänomen aus der therapeutischen Arbeit mit Kindern und Jugendlichen sowie mit erwachsenen Suchtkranken

Die Probleme von Patienten einer psychotherapeutischen Praxis für Kinder und Jugendliche sowie einer ambulanten Behandlungsstelle für erwachsene Suchtkranke scheinen auf den ersten Blick relativ wenig miteinander zu tun zu haben. Jedoch fiel uns bei unserer therapeutischen Arbeit auf, dass beide Patientengruppen Gemeinsamkeiten zeigen im Erleben von Zeitphänomenen im weitesten Sinne. Wir stellten fest, dass es Übereinstimmungen gibt in der Unfähigkeit, persönliche Zeit zu gestalten, die sich äußert z. B. in Langeweile, nichts mit sich anfangen zu können, Unlust, „Null Bock" und Äußerungen wie: „Irgendwie muss man seine Zeit ja totschlagen". Es ist ein Nichtaushalten der Gegenwart oder besser: die Unfähigkeit, gegenwärtig zu sein, verbunden mit dem Gefühl, sich selbst nicht als handelnden Akteur, sondern als passiven Empfänger zu sehen, mit dem oder an dem etwas gemacht wird, mehr Objekt als Subjekt zu sein.

Die Beschleunigung der Entwicklung des Kindes prägt sein Bewusstsein

Störungsbilder bei Kindern wie Konzentrationsschwäche, Hyperaktivität, Aufmerksamkeits-Defizite und ähnliches mehr sowie süchtiges Verhalten in jeder Ausprägung bei Erwachsenen, haben, so unsere These, einen gemeinsamen Nenner: Es sind allesamt Fluchtbewegungen aus einer als nicht befriedigend erlebten Gegenwärtigkeit. Auch der explosionsartige Anstieg der Einnahme von Psychopharmaka (Ritalin) bei Schülern in den letzten zwei Jahrzehnten dürfte damit zusammen hängen. Richard DeGrandpre spricht von einer Kultur der Geschwindigkeit, die das menschliche Bewusstsein transfor-

* Kinder- und Jugendlichen-Psychotherapeutin in Oldenburg, sahlender-wulf@gmx.net.
** Psychotherapeut in Oldenburg.

miert und eine Gesellschaft geschaffen hat, die in ihrem Beschleunigungswahn gefangen und zugleich von Stimulantien abhängig ist, welche bewusstseinsverändernde Wirkungen der Geschwindigkeit simulieren. „Durch die Schaffung eines Wahrnehmungsmodus, in dem Langsamkeit als unangenehm empfunden wird, hat die Reizsucht eine Tendenz, in uns eine zeitlich vorwärts gerichtete Haltung zu erzeugen, eine Flucht vor der Gegenwart. Ist es nicht schließlich die Hauptfunktion unserer geschäftigen, reizüberfluteten Kultur, uns von der Gegenwart abzulenken oder genauer, aus der Gegenwart etwas so Flüchtiges zu machen, dass sie kaum noch existiert? Hierin entfaltet die Schnellfeuer-Kultur ihre schädlichste Wirkung, denn sie entfremdet uns von dem einzigen zeitlichen Ort, in dem wir Welt und Gegenwart authentisch erfahren könnten: der Gegenwart.“ [1]

Wir fanden in der Literatur Erklärungsansätze für die Entwicklung derartiger „Gegenwartsängste“, die wir im Folgenden kurz vorstellen, um unsere oben genannte These zu stützen:

Die ungarische Kinderärztin Emmi Pikler gründete 1946 in Budapest das „Lozy“ genannte Waisenhaus, das sie bis 1979 leitete. Dieses Haus existiert heute noch und wird von ihrer Tochter, der Psychologin Anna Tardos, weitergeführt. Dem Haus angeschlossen war das Staatliche Methodologische Institut für Säuglingsheime, in dem durch begleitende Forschung untersucht wurde, wie Kinder unter den in der Regel belastenden Bedingungen einer Fremdbetreuung zu persönlichkeitsstarken und beziehungsfähigen Erwachsenen heranwachsen können. Signifikant häufig weisen diese Kinder erweiterte Schul-abschlüsse und akademische Ausbildungswege auf, obwohl sie in der Regel nur die ersten Lebensjahre in diesem Haus verbringen können und danach entweder in andere Heime, zu Pflegeeltern oder in selten Fällen auch in ihre Herkunftsfamilien zurück vermittelt werden. Diese Ergebnisse wurden auch von der WHO bestätigt. Das „Geheimnis“ der unerwartet positiven Entwicklung der Kinder hat die Gründerin in ihrem Buch mit dem beziehungsreichen Titel „Laßt mir Zeit“[2] beschrieben. Daraus ein Zitat von Heinrich Jacoby: „Das Kind anregen zu müssen, das glauben wir nur, weil wir zu wenig Ahnung davon haben, was jeder Mensch an Entfaltungsmöglichkeiten mit auf die Welt bringt.“[3]

1 Richard DeGrandpre: Die Ritalin-Gesellschaft, ADS. Eine Generation wird krankgeschrieben, Weinheim 2002, S. 45

2 Emmi Pikler: Laßt mir Zeit – die selbständige Bewegungsentwicklung des Kindes bis zum freien Gehen, München 1997

3 ebenda S. 9

Emmi Pikler machte als junge Ärztin die Erfahrung, dass gerade besonders behütete Kinder stark unfallgefährdet sind. Kinder dagegen, denen die Möglichkeit gegeben wird, sich aus eigener Initiative zu bewegen, lernen von selbst sitzen, stehen und gehen. Ein Kind, das gewohnt ist, sich in einer seinen Bedürfnissen angepassten Umgebung frei zu bewegen, tut dies mit Umsicht, mit Selbstvertrauen und großer Geschicklichkeit. Es bewegt sich souverän, es kennt seine Möglichkeiten und wird seine Grenzen kaum aus eigenem Antrieb überschreiten. Das bedeutet, dass diese Kinder auch weniger stolpern oder fallen und damit mehr Zuversicht und Selbstvertrauen entwickeln können. Aktiv zu sein beinhaltet viel mehr, als die Freude an der Bewegung, es gibt Sicherheit und im weitesten Sinne Selbstvertrauen. Kinder dagegen, die „hingesetzt werden", bleiben oft sitzen, auch wenn sie diese Position eigentlich verlassen möchten. Sie können den „Rückweg" nicht finden, weil sie den „Hinweg" auch nicht aus eigenem Vermögen gefunden hatten. Ein gesunder Säugling ändert von sich aus pro Minute etwa zweimal seine Position und erweitert somit ständig sein ihm zur Verfügung stehendes Bewegungsrepertoire.

Die Not, den Mangel, die Zeitknappheit haben zunächst, wenn auch aus verständlichen Gründen, die Eltern und nicht die Kinder. Eine statistische Erhebung zeigte das bemerkenswerte Ergebnis, dass sich heute eine Mutter für ihr Kind durchschnittlich 12 Minuten Zeit pro Tag für ein zweckfreies Gespräch nimmt.[4] Die Eltern sind es, die versuchen, die Kinder ihren Zeitmaßen und ihrem Zeitdruck durch allerlei zielgerichtete „Frühförderung" und „Hilfsmittel" anzupassen. Eltern glauben in der Regel, dass ihr Kind nach ihrer Zielvorstellung von einem ausgewachsenen, reifen Menschen auf sein Leben in der Welt vorbereitet werden muss. Damit wird Erziehung begründet. Implizit ist diesem Bemühen eine lineare Zeitvorstellung, eine Vorstellung von Anfang und Ende, Begrenztheit und Knappheit. Daraus leitet sich das Bemühen ab, möglichst gute Ausgangsbedingungen schaffen zu wollen und der Glaube, je früher ein Kind gehen, sprechen, lesen, schreiben usw. kann, um so besser sei seine Ausgangsposition dafür, am begrenzten Zugang zu Schulabschlüssen, Berufschancen, sozialem Status, Wohlstand usw. teilhaben zu können. In der Regel sind Eltern stolz, wenn das eigene Kind schon alles eher und besser kann als Friederike und Fritzchen von nebenan.

Darüber hinaus hat Vieles, was wir einem Kind geben (oder besser: zumuten), allerdings auch den Charakter von Mobilitätsprothesen, die den Eltern

4 Felicitas Vogt: Sucht hat viele Gesichter, Stuttgart 2000, S. 54

ermöglichen, ihre eigene Beweglichkeit durch das Kind nicht einschränken zu müssen. Diese Vehikel werden technisch immer ausgereifter und dienen auch als Statussymbole oder Prestigeobjekte. Aus Kinderwagen werden Sportkarren - Sport für wen? In Fahrradkutschen werden Kinder in Anhängern gefahren, ohne Kontakt zu den Eltern - die endlich 'mal ihre Ruhe haben wollen? Tandemräder oder Trailer simulieren Kindern Bewegungsabläufe und Geschwindigkeiten, für die sie noch gar nicht vorbereitet sind. Ebenso sind Babytrimmanlagen oder Babywippen, möglichst noch als Kinderfernsehsessel umfunktioniert, eher dazu geeignet, Eigenbewegung zu verhindern als sie anzuregen. Wir finden es mittlerweile normal, dass, speziell zu den Wochenenden, schon morgens ab 5.30 Uhr Fernsehen für Kinder ab 3 Jahren angeboten wird. Man kann davon ausgehen, dass die Kinder zu dieser Uhrzeit alleine vor den TV-Geräten sitzen. „Wer kleinen Kindern in den ersten Jahren die elektronische „Großmutter" (Fernseh- oder Computergerät) einschaltet, der schaltet das Kind und die Erfahrung an der Welt aus." [5] Aus der aktiven, Umwelt und Beziehungen aneignenden, Eigenbewegung wird so passives Bewegtwerden. Dem Kind fehlen dann die Erfahrungen der eigenen Möglichkeiten und Grenzen. Wir passen die Kinder also letztlich an unsere eigenen Bedürfnisse und unser Tempo an, nicht umgekehrt, und dies alles geschieht, wie oben ausgeführt „vor der Zeit".

Durch diese ständigen „Hilfen", besser Krücken, sowohl durch die Geräte, als auch die wohlmeinende Unterstützung durch die Erwachsenen, lernt das Kind außerdem, dass es so, wie es ist, nicht gut genug, sondern immer nur auf dem Weg zu irgendetwas bisher noch nicht Erreichtem ist. Damit einher geht häufig eine noch nicht altersgemäße lineare Ausrichtung an der Zeit im Sinne eines Maßstabs für das Erreichen von Zielen, sogar schon dann, wenn das Kind sich in einer frühen Entwicklungsphase, noch im magisch-mythischen Bewusstseinszustand befindet.

Bewusstseinsentwicklung und Zeitwahrnehmung

Wir kommen damit von der Bedeutung der Bewegungsentwicklung für die Ausbildung des Selbstbewusstseins auf die Bedeutung der Bewusstseinsentwicklung und damit für die Zeitwahrnehmung des Kindes sowie des späteren Erwachsenen und stützen uns dabei auf die Arbeiten zur Bewusstseinsentwicklung von Jean Gebser.

---

5 Felicitas Vogt: Sucht hat viele Gesichter, Stuttgart 2000, S. 78

In seinem Hauptwerk „Ursprung und Gegenwart“, entwirft Gebser eine Kulturgeschichte des menschlichen Bewusstseins.[6] Er geht davon aus, dass das Ziel aller menschlichen Bemühungen die Entfaltung des Bewusstseins ist. Danach hat sich aus dem Ursprung, als archaische Grundstruktur, die magische, die mythische und die gegenwärtig vorherrschende mentale Bewusstseinsstruktur herausentwickelt.

Diese Bewusstseinsentwicklung verläuft nicht als fortschreitende kontinuierliche Entwicklung, sondern in Mutationssprüngen, die nicht, wie eine biologische Mutation, zur Spezialisierung, bzw. Reduzierung, sondern zur Strukturanreicherung, zum Dimensionsgewinn führen.

Das heißt, dass die jeweiligen Bewusstseinsstrukturen „... nicht nur einen Vergangenheitscharakter haben, sondern in mehr oder minder latenter oder akuter Form heute noch in jedem von uns vorhanden sind.“[7] In der gleichzeitigen Wahrnehmung aller Strukturen (nach

Gebser: ihrer „Gegenwärtigung“), kündigt sich dann eine fünfte, „integrale“ Bewusstseinsstruktur an, die sich nicht als Bewusstseinserweiterung, sondern als Bewusstseinsintensivierung versteht.

Für diese Bewusstseinstrukturen lassen sich entwicklungspsychologische Entsprechungen herstellen.[8] Verknüpft mit den Raum-Zeit-Manifestationen der einzelnen Bewusstseinstrukturen, die für Gebser für die Bewusstwerdung des Menschen seiner selbst unabdingbar sind, ergeben sich die folgenden Zuordnungen zum Lebensalter eines Kindes:

- Für die archaische Struktur mit der Nulldimensionalität, Perspektivlosigkeit, Vorräumlichkeit und Vorzeitlichkeit die pränatale Phase und der Zeitraum etwa bis zum dritten Lebensmonat.
- Für die magische Struktur mit der Eindimensionalität der symbiotischen Einheit, die Raum- und Zeitlosigkeit, etwa die Spanne vom dritten bis zum 18. Lebensmonat.
- Für die mythische Struktur mit der zweidimensionalen Polarität, der Unterscheidung von Innen- und Außenwelt und damit der Bewusstwerdung

---

6 Vgl. Jean Gebser: Ursprung und Gegenwart, Gesamtausgabe, Bnd. 2, Schaffhausen 1986, S. 71 ff

7 ebenda S. 81

8 Vgl. Arved Exter und Thomas Röhrßen: Wege zur Ganzheit – Aspekte einer integralen Entwicklungspsychologie. In: Internationale Jean Gebser Gesellschaft (Hrsg.): Beiträge zur integralen Weltsicht, Vol. VI, Stuttgart 1986, S. 78 ff

der Seele, dem Vorherrschen der Bilderwelt der Zeitraum etwa vom 18. Lebensmonat bis zu einem Alter zwischen sechs und neun Jahren.

- Für die mentale Struktur mit dem Bewusstwerden der eigenen Position im dreidimensionalen Raum und damit des ordnenden, messenden Ichbewusstseins mit der Fähigkeit zur Abstraktion der Zeitraum vom sechsten bis neunten Lebensjahr an.

Zeitnot in der Kindheit und psychische Krankheit

Ausgehend von Gebsers Theorie sind wir zu den folgenden Schlüssen gekommen: Nach dem oben dargestellten „pushen" der Eigenbewegung erlebt das Kind die prärationale magische Zeitlosigkeit und die irrationale mythische Zeithaftigkeit unzureichend und kommt zu schnell in der mentalen rationalen Zeit- und Zielgerichtetheit an. Wenn die Phasen mit ihren jeweiligen Zeitqualitäten nicht ausreichend gelebt werden können, bleiben sie latent wirksam. Der Übergang zur mentalen Bewußtsseinstruktur wird dann nicht als Befreiung aus der magisch/mythischen Begrenzung, als Qualitätszuwachs, sondern als Verlust an Geborgenheit und Sicherheit erfahren. Nicht „satt" werden an der Geborgenheit gebenden magischen Phase und an der Sicherheit gebenden mythischen Phase bedeutet Verlust an Geborgenheit und Sicherheit und löst bleibende Ängste aus.

Bei Kindern, denen in den oben genannten Phasen ihrer Entwicklung ihre notwendige „Zeit" nicht gelassen wird, kann also die entsprechende Bewusstseinsstruktur nicht ausreifen. Sie geraten damit in eine Zeitnot, die sich unter Umständen in der weiteren Entwicklung in vielfältigen psychischen Auffälligkeiten widerspiegelt. Unsere These: Sogar spätere Suchterkrankungen können als „Lösungsversuche" für diese Zeitnot gesehen werden.[9]

Wir haben unter Berufung auf Pikler und Gebser versucht zu zeigen, dass das kleine Kind sehr früh lernt, dass das, was es zu erstreben gilt, gerade nicht das ist, was hier und jetzt passiert, sondern im Dort und Dann liegt: „Gut, du kannst jetzt sitzen– dann zeige ich dir, wie man stehen, gehen, laufen lernt, und – wenn du dies oder jenes tust – wie du dann noch schneller laufen

9 Wir stützen uns hier auch auf die Arbeit von Assing-Grosch, die u.a. auf der Grundlage der Bewusstseinsstufen von Jean Gebser den Zusammenhang von Zeiterfahrung und psychischer Störung für die Kinder- und Jugendpsychiatrische Praxis bearbeitet hat. Vgl. Ursula Assing-Grosch: Das schwierige Kind – Jean Gebsers Bewusstseinsphänomenologie in der Kinder- und jugendpsychiatrischen Praxis, Pfaffenweiler 1993, S. 69 ff

kannst und lesen, tanzen, Kopf stehen und noch viel mehr." Fazit: was jetzt in der Gegenwart geschieht und gelingt, ist nie genug und bereitet Unbehagen, wie schon Konstantin Wecker in seinem Lied: „Genug kann nie genügen..." ausdrückt. Zudem wird mit dem Gefühl, der Gegenwart nicht zu genügen, die Angst vor der Zukunft gleich mitgeliefert. Was liegt näher, als aus dieser unattraktiven Gegenwart und vor einer angstbesetzten Zukunft in einen zeitlosen Zustand des Rausches zu fliehen?

Damit besteht auch die Möglichkeit der Verlagerung eines Bedürfnisses vom Seelischen ins Körperliche, verbunden mit dem Ersatz des Immateriellen durch das (zunächst besser steuerbare) Materielle. Beispiel: Ein Bedürfnis nach menschlicher Wärme und Geborgenheit kann durch das Wärmegefühl, das durch den Alkoholgenuss körperlich empfunden wird, kurzfristig kompensiert werden. Oder ich ersetze ein Bedürfnis nach Anerkennung und Wertschätzung durch den Kauf irgendwelcher Dinge, die mir kurzfristig das Gefühl von Wert geben: „Das leiste ich mir, das bin ich mir wert." Seelische Bedürfnisse werden „verstofflicht" und damit über den gezielten Konsum (vermeintlich) steuerbar. „Ich konsumiere, also bin ich!"

Der Rauschzustand unter Alkohol wird nicht nur zu einem zeitweise befristeten schönen Gefühl des Beschwipstseins, sozusagen einer Auszeit von der als nüchtern empfundenen zeitgebundenen Realität, sondern wird als (zunächst frei) verfügbare Alternative zu nicht befriedigenden Lebensumständen aufgebaut, die dann im Stadium der manifesten Abhängigkeit zu einer zwanghaften Fixierung wird.

Sucht kann also verstanden werden als der Versuch, unbefriedigende Gegenwart permanent in eine (stofflich gebundene) positive Zukunftserwartung umzuändern: „Wenn du dies oder das nimmst, wird es dir in Zukunft besser gehen." Das ist das magische Versprechen, des „Geistes aus der Flasche". Es ist der Zustand der Dauerflucht vor der Gegenwart in dem der Süchtige immer auf der Suche nach dem Glück ist, das er eigentlich nur im Hier und Jetzt erleben könnte. Es geht dem Süchtigen in dieser Suche aber wie dem „Wanderesel Mallorca" aus einem Kinderbuch von Janosch[10], der überall, wo er ankommt, sofort wieder aufbricht, um sich auf die Suche nach der Ferne zu machen, weil diese nie dort ist, wo er sich gerade befindet. Die Aufhebung der Zeit bzw. die Zeitlosigkeit im Rausch wird dann der ersehnte Zustand, mit dessen Hilfe es gelingt, die als quälend erlebte Zeitgebundenheit in den biographischen Lebensvollzügen zu überwinden.

10 Janosch: Komm, wir finden einen Schatz, Weinheim 1979

Diese Flucht in die Zeitlosigkeit des Rausches wird sinnfällig deutlich in vielen Trinkliedern: z. B. „Heute blau, morgen blau und übermorgen wieder...“, oder „So ein Tag, so wunderschön wie heute, so ein Tag, der dürfte nie vergeh´n...“ usw. Dass diese Zeitlosigkeit eines Lebens im Rauschzustand und die vermeintlich damit verbundene Dauer und Ewigkeit letztlich doch nicht eingelöst werden kann, wird dann in dem Karnevalslied „Am Aschermittwoch ist alles vorbei...“ wieder deutlich, sozusagen als Abgesang auf die „zeitlose“ Rauschzeit. Die Vergänglichkeit und damit die Zeithaftigkeit hat uns wieder – und wehe dem, der diese Zeithaftigkeit nicht befriedigend leben kann.

Dass auf diese Weise das Sich-auf-etwas-Einlassen, bzw. das Mit-etwas-in-Beziehung-Treten auf der Strecke bleibt, ist augenfällig. Aber auch hier verspricht die Werbung für alkoholische Getränke den nötigen Ersatz: z. B.: „Zeit für Gefühle“ (Baileys), oder: „Männer wollen immer nur das eine – frisches Veltins“, oder: „Only You“ (Warsteiner). Das Ersatzmittel wird zum Suchtmittel. „Dieser Ersatzcharakter des Suchtmittels ist für die Suchtdynamik konstitutiv. Denn gerade die Tatsache, dass es sich um einen Ersatz handelt, trägt zur Entwicklung des unstillbaren ‚Immer-wieder-und-immer-mehr’ bei.“ [11]

Unter diesem Merkmal der Dosissteigerung lassen sich vielfältige Steigerungs- oder Beschleunigungsformeln aus allen möglichen Bereichen unserer Gegenwartskultur subsumieren: z. B. immer mehr in gleicher Zeit, immer etwas Neues, immer höher, immer weiter, immer schneller, Suche nach Ablenkung und Zerstreuung.

Beschleunigung folgt immer dem Prinzip der Steigerung der Dosis und trägt damit in sich selbst Züge eines Suchtcharakters, auch wenn sie in unserer Kultur als ein Maßstab des Fortschritts angesehen wird. Der Suchtkranke ist damit Protagonist dieses Beschleunigungsprozesses und spiegelt mit seinem eigenen, durch die Sucht beschleunigten Alterungsprozess die Schnelllebigkeit bzw. die „Kürze des Verfallsdatums“ einer derartig beschleunigten Gesellschaft wider.

Die therapeutische Arbeit an der Abstinenzbereitschaft und -fähigkeit ist letztlich ein Zurückholen des Patienten in die Zeithaftigkeit, ein Bemühen, ihn dabei zu unterstützen, die Verantwortung für seine zeithaft gebundenen biographischen Abläufe zu übernehmen und dabei die nötige Zufriedenheit zu erfahren. Im ersten Anlauf erscheint das nicht besonders attraktiv, da diese Zeithaftigkeit ja bisher eher als besonders quälend erlebt wurde. Ange-

---

11 Stavros Mentzos: Neurotische Konfliktverarbeitung, Frankfurt a. M. 1985, S. 240

kommen in der Abstinenz oder im nüchternen Zustand, zeigt sich dann ebenfalls quälend, dass die Langsamkeit von Veränderungen nicht gut auszuhalten ist. Biographisch „die Kurve zu kriegen" in einen abstinenten Lebensalltag ist eben nicht „per Mausklick" zu erledigen, sondern verlangt ein aktives Sich-Einlassen und Gestalten der realen Verhältnisse, auf die Suchtkranke in der Regel denkbar schlecht vorbereitet sind.

Fazit

Fassen wir unsere Beobachtungen und unsere durch die Literatur gestützten Überlegungen zusammen: Für die seelische Gesundheit eines Kindes haben das Zeit-Lassen in der Entwicklung seiner Bewegungen und die Zeitqualitäten in der Entwicklung der Bewusstseinsstufen im Verlauf seiner biographischen Entwicklung große Bedeutung. Wenn die Anpassung an diese Erfordernisse nicht gelingt, kann Zeitnot auftreten, die sich in Auffälligkeiten und Fehlentwicklungen bei Kindern und bei Erwachsenen (z. b. Sucht) äußern. Daraus schließen wir – bei allen legitimen Zielsetzungen für die Erziehung –, dass alle Frühförderprogramme für alle möglichen Förderbereiche daraufhin überprüft werden müssten, ob dabei die Eigenzeiten der Kinder ausreichend berücksichtigt werden. Lassen wir den Kindern „ihre Zeit", damit sich ihre eigene Autonomie ausreichend entwickeln kann und sie an der sich gerade entwickelnden Bewusstseinstruktur „satt" werden können!

Für die Suchtarbeit bedeutet dies, dass Prävention mehr als heute Primarprävention sein und weniger sucht-spezifisch als „zeit-hygienisch" ausgestaltet werden müsste. In diesem Sinne beginnt Prävention für die Kinder am Wickeltisch und für die Eltern und Erwachsenen im Bewusstwerden der Zeitqualitäten. Wir müssen vielleicht zunächst einmal lernen, „innezuhalten" und zur Ruhe zu kommen, damit die verschiedenen Zeitdimensionen mit ihren spezifischen Erlebensformen in unseren Lebensbezügen erst einmal wahrgenommen und vielleicht sogar bewusst genossen werden können.

Uwe Becker*

Der Streit um den Nachtfluglärm als zeitpolitischer Konflikt.

Zeitpolitik richtet sich auf die Gestaltung der gesellschaftlichen Strukturierung von Zeit, und sie ist dabei mit einem eigentümlich zeitlichen Phänomen, dem der Nachordnung, konfrontiert. Gemeint ist, dass sie sich bei der zeitstrukturellen Reflexion der sozialen und politischen Praxis vielfach wieder findet im Habitus des Nach-Denkens: Sie denkt quasi dem hinterher, was politische Praxis ist, weil letztere noch nicht gewohnt ist, zeitpolitisches Denken im Vorhinein in das Kalkül politischen Handelns einzubeziehen. Insofern kämpft die Wissenschaft von der Zeitpolitik samt der noch kleinen Schar ihrer leidenschaftlichen Anhänger wie alle jungen Wissenschaften darum, eine Position zu gewinnen, die ihr statt des reaktiven Nachdenkens das ihr angemessene aktive Vorausdenken ermöglicht. Mit diesem dringend notwendigen Positionswechsel könnte die Fehlerquote politischen Handelns deutlich gesenkt werden. Dies zeigt geradezu exemplarisch die im Folgenden beschriebene Nachtflugproblematik des Köln/Bonner Flughafens.

1. Das Problem

Auf dem Flughafen Köln/Bonn (FKB) besteht seit seiner Inbetriebnahme Ende der 50er Jahre eine Nachtflugregelung, die es erlaubt, den Flughafen 24 Stunden durchgehend anzufliegen. Verharrte der Flughafen, ursprünglich als Start- und Landeposition für diplomatischen Verkehr gedacht, zunächst für lange Zeit im verkehrspolitischen Dornröschenschlaf, so ist in den vergangenen zwanzig Jahren ein dramatischer Wechsel eingetreten. Der Flughafen wurde kontinuierlich erweitert und zu einem der bedeutendsten Frachtflughäfen Deutschlands ausgebaut, dessen Verkehrsspitze – einmalig in Deutschland – in der Nacht liegt. Die Anzahl der Menschen, die nachts keinen Schlaf mehr finden oder zumindest mit erheblichen Schlafstörungen konfrontiert sind, wächst kontinuierlich. Insgesamt sind in der Region Köln,

* Pfarrer, Leiter des Sozialwerks des Evangelischen Stadtkirchenverbandes Köln.

Bonn, Siegen und Bergisch-Gladbach einige hunderttausend Menschen betroffen.

Auf politischer Seite ist das Problem grundsätzlich bekannt und hatte bereits Eingang gefunden in eine lösungsorientierte Beschlussfassung. So hat schon 1996 der Landtag unter der Regierungsmehrheit von Rot-Grün ein 22-Punkte-Programm beschlossen, das auch eine nächtliche Kernruhezeit für Passagierflugzeuge sowie ein Nachtflugverbot für Maschinen über 340 t Abfluggewicht beinhaltet. Tatsächlich hat das von der SPD geführte NRW-Verkehrsministerium bislang nicht einmal einen Antrag zur Einführung der Verbote beim Bundesverkehrsministerium in Berlin gestellt. Stattdessen hat sich ein Interessenkartell aus Politik, Flughafengesellschaft und ansässigen Wirtschaftsunternehmen gebildet, das mit allem Nachdruck eine weitere Expansion der Nachtfrachtflugtonnage betreibt. Hinzu kommen neue Strategien der Anwerbung von Billigfluganbietern, die die Attraktivität des FKB besonders darin sehen, Angebote in den Tagesrandzeiten bis 24 Uhr und morgens ab 5 Uhr zu platzieren. Das in dieser Diskussion permanent angeführte Spitzenargument ist das der Beschäftigungseffekte durch den Nachtflugbetrieb, die sich differenzieren nach direkter, indirekter und induzierter Schaffung von Arbeitsplätzen. Laut eines Berichts der Enquête-Kommission „Zukunft der Mobilität" des Landes NRW hängen 2.100 Arbeitsplätze direkt und 1.700 indirekt vom Nachtflugverkehr am Flughafen Köln-Bonn ab.[1]

Dagegen steht nun das Argument der enormen gesundheitlichen Beeinträchtigung durch Fluglärm. Außer den zahlreichen Bürgervereinen zum Fluglärmschutz, die allesamt in der Bundesvereinigung gegen Fluglärm zusammengefasst sind, hat sich im Rhein-Sieg-Kreis eine Ärzteinitiative gebildet, die ebenfalls ein Nachtflugverbot und die Einführung einer Kernruhezeit von 22 Uhr bis 6 Uhr fordert. Ihr zufolge ist die gesundheitliche Beeinträchtigung durch Nachtflug evident und macht sich an Symptomen wie Bluthochdruck, erhöhtem Herzinfarktrisiko und Depressionen fest. Eine eigens durchgeführte Patientenbefragung in der Region kam zu folgenden Ergebnissen: Fast 90 Prozent der Befragten haben eine gesundheitliche Beeinträchtigung durch nächtlichen Fluglärm bejaht, dazu zählen Nervosität, Herz-Kreislauf-Beschwerden, Allergien, Depressionen und Tinnituserkrankungen.[2]

---

1 Vgl. Der Landtag Nordrhein-Westfalen (Hrsg.): Die Zukunft der Mobilität in Nordrhein-Westfalen. Problemanalysen – Perspektiven – landespolitische Handlungsansätze, Düsseldorf 2000, S. 161.

2 Vgl. Gerda Noppeney: Nachtfluglärm – ein Gesundheitsrisiko? In: Uwe Becker (Hrsg.):

Die Argumente, die weiterhin u.a. von den Kirchen ins Feld geführt wurden, sind: (1) der ökonomische Schaden, der durch den Produktivitätsverlust auf Grund der mangelnden Leistungsfähigkeit der schlafgestörten Beschäftigten entsteht sowie (2) der Verlust der Immobilienwerte mit dem entsprechenden wirtschaftlichen Schaden für die Betroffenen sowie (3) die Abwanderung von – teilweise hochqualifizierten – Arbeitskräften. Folglich sei eine betriebswirtschaftlich verengte Sicht auf die durch den Nachtflug entstehenden Arbeitsplätze auch ökonomisch zu kurzsichtig, weil sie den volkswirtschaftlichen Schaden für die Region nicht berücksichtigt.

Hier stehen sich also zwei Logiken unversöhnlich gegenüber: Auf der einen Seite die Logik eines rein ökonomischen Imperativs. Der reklamiert für sich, der einzig realitätsgerechte, zukunftsweisende und fortschrittsorientierte zu sein. Die Grundthese dieses ökonomischen Imperativs lautet: „Nachtfrachtflugverkehr ist aus wirtschaftlichen Gründen, insbesondere in Hinblick auf den internationalen Wettbewerb, zwingend notwendig. Folglich ist eine Umsetzung des 22-Punkte-Programms, das eine Kernruhezeit für Passagierflugzeuge und ein Nachtflugverbot für Maschinen über 340 t Abfluggewicht vorsieht, völlig utopisch.“ Mit anderen Worten ist dasselbe in der NRW-Luftverkehrskonzeption 2010 umfassend gesagt: „Als Instrument der Struktur- und Standortpolitik sind ... zusätzliche Frequenzen und neue Streckenangebote ... sowohl für das gesamte Land als auch insbesondere für die Region an Rhein, Ruhr und Wupper notwendig.“[3] Eine Nachtflugbeschränkung sei nur möglich, wenn sie verkehrs- und wirtschaftspolitisch vertretbar sei. Ja, insgesamt gehe es mit diesem Luftverkehrskonzept tatsächlich um die „existentielle Bedeutung für Nordrhein-Westfalen“, so heißt es da, und man erhebt zugleich den Anspruch, damit einen Beitrag zu leisten für eine „öffentliche Daseinsvorsorge“[4].

Was wir auf dieser Seite der Konfliktlinie damit dezidiert bis in die argumentative Begrifflichkeit vorfinden, ist genau das, was der St. Gallener Wirtschaftsethiker Peter Ulrich als die Beschwörung einer Sachzwangslogik

---

Fortsetzung Fußnote 2

Nachtruhe ist Menschenrecht! Der Streit um den Nachtfluglärm aus christlich-sozialethischer Perspektive, S.34-38 (erhältlich bei: Sozialwerk des Evangelischen Stadtkirchenverbandes Köln, Kartäusergasse 9-11, 50678 Köln).

3 Ministerium für Wirtschaft und Mittelstand, Energie und Verkehr des Landes Nordrhein-Westfalen (Hrsg.): NRW-Luftverkehrskonzeption 2010, Düsseldorf 2000, S.12.

4 Ebd. und a.a.O. S. 21.

beschreibt.[5] Nach dieser Logik muss alles so bleiben, wie es ist, wenn das, was ist, ökonomisch vernünftig ist. Was aber nun ökonomisch vernünftig ist, wird, mit Verlaub, auf sehr engem Reflexionsradius zugespitzt auf Aspekte des rein wirtschaftlichen Wachstums und der Rendite. Dabei stellt sich dieses Interesse in der öffentlichen Darstellung selbst als gemeinwohlorientiert dar, und zwar mit dem Argument der Schaffung von Arbeitsplätzen. Dass Arbeitsplätze geschaffen würden – total unabhängig davon, um welchen Preis dies geschieht – scheint die handelnden Akteure bereits unangreifbar ins Recht zu setzen und verordnet ein geradezu systematisches Verbot, über alle alternativen Gestaltungsmöglichkeiten eines im umfassenden Sinne ökonomischen, nämlich lebensdienlichen Wirtschaftens nachzudenken.

Auf der anderen Seite jener Konfliktlinie stehen Menschen, die mit ihrem permanent ungehörten Ruf nach einer – zumindest annähernden – Kernruhezeit in der Nacht Schutzrechte einfordern – Schutzrechte, die nur ihrem legitimen Grundbedürfnis nach ungestörtem Schlaf, nach der Wiederherstellung ihrer Leistungskraft für die Arbeit am nächsten Tag entsprechen – und damit ihrem Menschenrecht auf gesundheitliche Unversehrtheit. Mit ihrer Forderung, Nachtruhe als Menschenrecht anzuerkennen und damit zumindest eine gemeinsame Rechtsposition zu fixieren, machen die Anwohner – und an ihrer Seite die beiden großen Kirchen – nun gegen jenen ökonomischen Imperativ einen ethischen Imperativ geltend: Die „Flughafen-Politik" darf nicht länger nur ökonomische Überlegungen ins Kalkül ziehen!

Das ökonomische Diktat, unter das die Politik sich selbst stellt, wird von dieser allerdings zugleich mit dem – hier missbrauchten – Postulat ethischen Handelns begründet. Die Folge: Unversehens geraten Andersdenkende samt und sonders in eine geradezu perfide Argumentationsfalle einer fatalen „Logik":

- Wenn eine Expansion des Luftverkehrsaufkommens und eine Verweigerung der Einführung einer Kernruhezeit also *not-wendig* ist, wer sollte da als Einzelner gegen den Fluglärm intervenieren wollen, wenn es doch darum geht, Not abzuwenden?
- Wenn es hier angeblich doch um die „existentielle Bedeutung für Nordrhein-Westfalen", also eines ganzen Landes geht, ja, wer wollte denn so egoistisch und vermessen sein, seine individuelle Existenz, die vom Nachtflug gebeutelt ist, derartig in den Vordergrund zu rücken?

---

5 Vgl. Peter Ulrich: Integrative Wirtschaftsethik. Grundlagen einer lebensdienlichen Ökonomie, Bern, Stuttgart, Wien, Haupt, 1998.

- Wenn mit dem expandierenden Luftraumkonzept der Anspruch einer „öffentlichen Daseinsvorsorge“ eingelöst wird, wer will noch dagegen die krämerische Sorge um sein eigenes kleines Dasein und das Wohl seiner Kinder, seiner gesamten Familie zur Geltung bringen?

Mit einer konsequenten Systematik wird hier also der Anspruch vonseiten der Politik erhoben, Anwalt des Kollektiven, des Allgemeinen zu sein. Die Folge ist, dass die Menschen, die sich einsetzen für die Durchsetzung der Nachtruhe, sich zu allem Überfluss konfrontiert sehen mit dem Vorwurf, gegen das höhere Gut des Allgemeinwohls vorzugehen und letztlich unberechtigt ihre Partialinteressen zu vertreten.

2. Was macht das Problem zu einem zeitpolitischen Thema?

Damit sind, so hoffe ich, Systematik und Verhärtung des Konflikts transparent geworden. Was macht ihn nun zu einem zeitpolitischen Thema? Und weiter gefragt: Bietet eine zeitpolitische Ebene des Konflikts neue und perspektivische Argumente? Zweifellos haben besonders die Kirchen die öffentliche Auseinandersetzung über den Nachtfluglärm um eine zeitpolitische Dimension bereichert, weil sie erstens eine *qualitative Bewertung des Zeitraums „Nacht“* dezidiert in die Diskussion gebracht und zweitens als *Institution* agiert haben.

Im September 2001 wurde offiziell vom Stadtsuperintendenten ein „offener Brief“ an den damaligen Aufsichtsratsvorsitzenden des Flughafens gerichtet, in dem es heißt:

„Ein für uns auch theologisch entscheidender Punkt ist der – mit der Nachtflugentwicklung verbundene – Angriff auf die Nachtruhe und damit auch auf die Gesundheit der davon Betroffenen. Die biblische Sabbattradition, der wir uns auch als Christen und Christinnen verpflichtet wissen, macht deutlich, dass die Ruhe elementarer Bestandteil des Lebens ist. Besonders die Nachtruhe unterbricht bewusst ökonomisch denkbare Möglichkeiten eines rund um die Uhr praktizierten Verwertungsprozesses durch Arbeit. Inhalt und zugleich Ziel dieser Ruhedimension ist, sich der eigenen Geschöpflichkeit bewusst zu werden und Lebensräume zu entdecken, die, frei von Arbeit, Möglichkeiten zur gemeinsamen sozialen Zeit eröffnen. Auch wenn – für damalige Lebensverhältnisse nachvollziehbar – sich der Sabbat nur auf die zyklische Ruhephase einer wöchentlichen Unterbrechung der Arbeit bezieht, so steht seine eigentliche Intention, den Zugriff der Arbeit auf das Leben der Menschen zu begrenzen, auch dann im Konflikt mit wirtschaftlichem Handeln, wenn dieser Zugriff die Nachtruhe betrifft. Anders gesagt: Eine solche

Dimension der Ruhezerstörung kam für damalige Verhältnisse noch gar nicht in den Blick. Hier aber Besorgnis und Protest anzumelden, ist aus meiner Sicht eine konsequente Wahrnehmung christlicher Verantwortung, die sich dieser Sabbattradition verbunden weiß."

Hier wird also auf normativer Grundlage bestritten, dass die Egalisierung von Zeit als ökonomische 24-Stunden-Ressource mit dem Argument der Schaffung von Arbeitsplätzen zu legitimieren sei. Denn die Kirche bewertet die Nachtruhe inklusive ihrer umfassenden sozialen Dimension des davon abhängigen intakten Tag-Nacht-Rhythmus' als elementaren Bestandteil der für das Leben und Zusammenleben notwendigen Kultur der Unterbrechung von Arbeit. Die sozial desintegrativen und gesundheitsschädigenden Folgen der durch den Nachtflug bedingten Lärmemission stehen in einem unüberwindbaren Widerspruch zur qualitativen Norm, die Nacht als Zeitraum der Ruhe und Begrenzung von Arbeit zu definieren. Diese Ruhephase wird als ein soziales Menschenrecht begriffen, das sich aus der Sicht der Kirchen grundsätzlich einer Verrechnung mit den tatsächlichen und noch latent ausbaufähigen, ökonomischen und beschäftigungswirksamen Effekten des Nachtflugs verweigert. Durch die kirchliche Argumentation wurde also erreicht, dass eine Debatte um Werte geführt wurde, bei der es letztlich um die Frage geht, ob und inwieweit Zeitgestaltung beliebig einem ökonomischen Verwertbarkeitsinteresse überlassen bleiben darf.

Nicht nur mit diesem inhaltlichen Argument, sondern auch auf der Organisationsebene tritt durch den Beitrag der Kirchen qualitativ etwas Neues hinzu. Der Konflikt ist auf ein *institutionelles Niveau* gehoben, das nicht mehr mit dem Hinweis diffamiert werden kann, hier gehe es nur um die Vertretung von Partikularinteressen der persönlich Betroffenen. Flankiert durch den Referenzrahmen biblisch-theologischer Tradition, die ja immer noch eine hohe Akzeptanz in unserer Gesellschaft hat, und zudem als ökumenische Gemeinschaft aufgetreten, konnten die Kirchen sich wesentlich unabhängiger in den Konflikt einbringen. Beispielsweise konnten sie die Frage nach der Gemeinwohlorientierung glaubwürdig und grundsätzlich thematisieren, zumal sie selber als gemeinwohlorientierte Instanz verstanden werden.

3. Wege zur Lösung des Problems

Eine Lösung des Konflikts kann entweder im Diskurs oder in der Ausübung von Macht gesucht werden. Ein Diskurs kann m.E. nur dann zu einer für die Anwohner befriedigenden Lösung führen, wenn die Kernruhezeit als gemeinsame Zielperspektive von allen Seiten – auch von den Flughafenbetreibern – anerkannt wäre. Das setzt voraus, dass man sich sowohl über die Definition der Defizite bestehender Praxis als auch über die Bewertung dieser Defizite einig ist. Dann ginge es um die Frage des Weges, und damit wäre eine Suchbewegung angesagt, die sich besonders der Frage nach den Beschäftigungseffekten des Nachtflugs stellen müsste. *Wir hätten also die Lösung der Arbeitsmarktfrage quasi als ein sekundäres Problem zu verstehen, das sich aus einer zeitpolitischen Übereinkunft ergibt.* Die Leitfrage wäre dann: Wie können wir durch ein intelligentes Modell eines sukzessiven Einstiegs in die Kernruhezeit Arbeitsplätze retten und den durch die Aufgabe des Nachtflugs verbundenen Strukturwandel zum Vorteil des regionalen Arbeitsmarktes unterstützen? Wichtig wäre, dass man in den Entscheidungsprozess alle arbeitsmarktpolitischen Akteure unter Beteiligung wissenschaftlicher Begleitforschung einbezieht.

Allerdings scheint mir das Diskursmodell in dieser Frage grundsätzlich zum Scheitern verurteilt, weil vonseiten der Flughafenbetreiber und der politischen Lobby überhaupt kein Handlungsbedarf eingestanden wird. Daher bleibt nur der konfrontative Weg, um das bestehende Machtvakuum auszufüllen. Die zeitpolitische Argumentation der Anwohner, der Ärzteinitiative und der Kirchen braucht Unterstützung durch die staatliche Rechtsordnung. Auch nach biblischem Verständnis wird Lärm als Ausdruck struktureller Gewalt verstanden, der nur durch die Mittel des Rechts begegnet werden kann.[6] Die Unterstellung der Illegitimität des gegenwärtigen Missbrauchs ei-

---

6 „Zwar gibt es in der Bibel kein als Rechtssatz formuliertes Anrecht auf ungestörte Nachtruhe, aber das war offenbar auch nicht nötig, da der Lärm, so bedrohlich er auch erscheint, im Alltag in Grenzen gehalten werden konnte und im Bereich des Selbstverständlichen blieb. Die massiv bedrohliche und als Teil des Chaos erlebte Natur des Lärms macht aber deutlich, dass es in der Linie biblischen Rechts liegt, ihn zu begrenzen. Zumal da, wo Lärm den gottgegebenen Rhythmus des Lebens zwischen Arbeit und Ruhe in Frage stellt, gehört es zur Notwendigkeit, Gewalt und Chaos mit den Mitteln des Rechts zu bändigen und das Recht der Menschen auf den gottgewollten Wechsel von Wachen und Schlafen, Tag und Nacht, Ruhe und Arbeit zu schützen und wieder herzustellen." Frank Crüsemann: Lärm als Gewalt – Ruhe als Heil. Anthropologische und sozialethische Aspekte des biblischen Ruheverständnisses. In: Uwe Becker (Hrsg.): Nachtruhe ist Menschenrecht! Der Streit um den Nachtfluglärm aus christlich-sozialethischer Perspektive, S.14 (erhältlich bei: Sozialwerk des Evangelischen Stadtkirchenverbandes Köln, Kartäusergasse 9-11, 50678 Köln).

nes Zeitgestaltungsmonopols, wie er faktisch vom Flughafen ausgeht, genügt nicht. Vielmehr muss er gesetzlich unterbunden werden, indem die Genehmigung zum Nachtflug aufgehoben wird. Rechtsschritte in diese Richtung sind bereits durch das bayerische Verwaltungsgerichtshofurteil von 1989 und das Urteil des Europäischen Gerichtshofes für Menschenrechte in Straßburg vom Oktober 2001 verheißungsvoll vorgezeichnet. Das bayerische Urteil erklärte grundsätzlich: „Die Menschen erwarten die Nacht als eine Zeit der Stille, in der das natürliche und soziale Umfeld zur Ruhe kommt. Diese alte und in den Menschen tief verwurzelte Erwartung verdient Respekt und darf nicht durch Erwägungen verdrängt werden, die sich auf Schlaftechnik beschränken." Der Europäische Gerichtshof erklärte, bezogen auf den Londoner Flughafen Heathrow, die britische Regierung habe das Menschenrecht auf Nachtruhe durch den nächtlichen Fluglärm verletzt.

Der Rechtsweg ist teuer, er braucht einen privaten Kläger. Eine Klage müsste sich auf das Grundrecht der körperlichen Unversehrtheit und damit auf die Verfassungswidrigkeit der Nachtflugregelung stützen.[7] Dabei wird die Klägerseite konfrontiert sein mit dem Vorwurf mangelnder Eindeutigkeit der wissenschaftlichen Gutachten, beispielsweise im Bereich der Lärmwirkforschung, die keine wissenschaftlich unstrittige Entscheidungsgrundlage bieten. Für einen privaten Kläger wird folglich dieser Rechtsweg teuer. Die Kirchen könnten in diesem Konflikt Partei ergreifen, indem sie die mit weniger Macht und Geld ausgestattete Seite der Kläger auf dem Rechtsweg organisatorisch, moralisch und finanziell unterstützen. Ein solcher Weg würde zu einem exemplarischen Fall eines rechtlich ausgetragenen zeitpolitischen Konflikts führen.

---

7 Artikel 2 Absatz 2 Satz 1 des Grundgesetzes für die Bundesrepublik Deutschland lautet: Jeder hat das Recht auf Leben und körperliche Unversehrtheit.

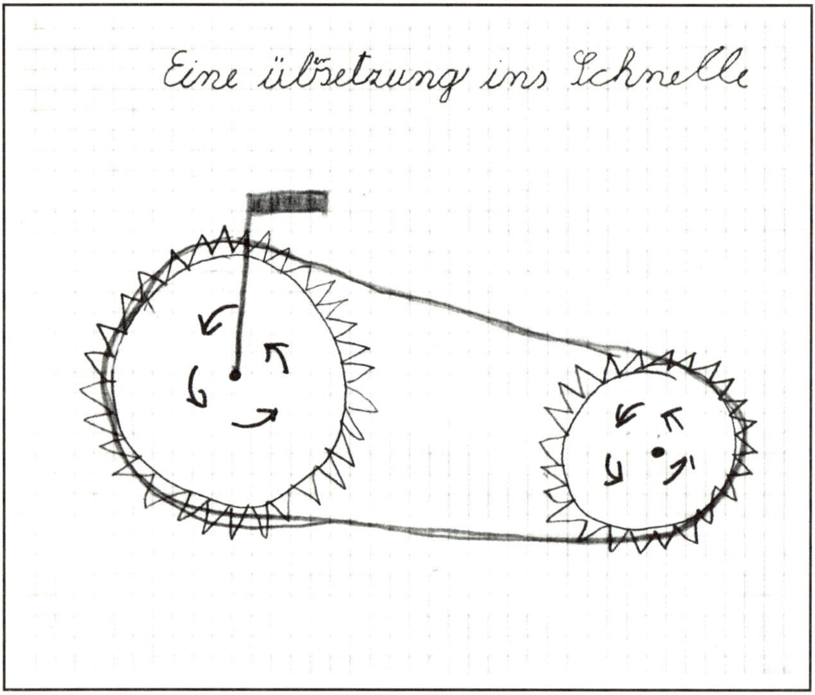

Aus Daniels Schulheft

Irmgard Herrmann-Stojanov*

Professionelle Sorgearbeit und das Problem knapper Zeit.

Am Beispiel des Mobilen Sozialen Dienstes (MSD)

Mittlerweile gehören die kleinen knallgelben oder grasgrünen Flitzer mit den teils anheimelnden Aufschriften wie „Zu Huus“, „kranke Pänz“, „von Herzen“, „Wir für Euch“, „Regenbogen“, „Venio“ oder auch schlicht „Pflegedienst“, „Häusliche Krankenpflege“ in unser alltägliches Straßenbild. Wenn sie halten (einen Parkplatz ergattert haben), steigt in der Regel eine Frau in krankenhausähnlicher, zumindest praktischer Garderobe aus und verschwindet in einer Wohnung für ’mal gerade 10 Minuten, mal für eine Viertelstunde, selten für länger. Hinter der Tür wird sie meist punktgenau erwartet, gehört sie doch für viele „Kunden“ – wie es im Fachjargon heißt – zu den wenigen wichtigen Taktgebern eines oft einsamen und strukturlosen Alltags. Auch bietet sich aus der Sicht der Kunden endlich eine Gelegenheit zu sprechen und gehört zu werden – nicht selten die einzige Gelegenheit am ganzen Tag. Doch dann geht alles ganz schnell: Neben der Frage: „Wie geht’s denn heute?“, werden die erforderlichen Pflege- bzw. Hausarbeitstätigkeiten professionell erledigt. Dann heißt es „Tschüss, bis morgen“, ab ins Auto und auf zum nächsten Kunden. Was diese Frauen (und wenige Männer) leisten, ist „Handarbeit pur“, wie es vor einiger Zeit in einem Beitrag der ZEIT zu lesen war, „und die ist teuer in Deutschland, wenn man nicht schwarzarbeiten läßt...“[1]

Zeitmangel – für Pflegekräfte und Pflegebedürftige ein Problem

Tatsächlich ist diese Arbeit organisiert wie bei einem Handwerksbetrieb, der beispielsweise steckengebliebene Rolläden repariert. Es gibt exakte Zeitvorgaben, wie lange eine bestimmte Reparaturarbeit dauern darf – nur wenn so

* M.A., Soziologin am Sozialwissenschaftlichen Institut der Evangelischen Kirche in Deutschland.

1 DIE ZEIT vom 23. 8. 2001: „Gute Tat ist teuer. Ambulante Pflege kann ein Milliardengeschäft werden – wenn die Kunden zuzahlen.“

und soviel Leistung in einer Stunde erbracht wird, ist die Arbeit für den Betrieb rentabel. Da wird die Reparatur zur Akkordarbeit, jede Ablenkung kostet kostbare Zeit. Ganz ähnlich sieht die Situation im Pflegedienst aus, mit dem kleinen Unterschied, dass es sich nicht um Rollläden, sondern um Menschen handelt. Im Pflegedienst gibt es feste „Module" für jede Leistungsart, unabhängig davon, wie diese Arbeit im Einzelfall gestaltet wird bzw. werden muss. Für eine „Teilwaschung" beispielsweise bekommt ein Pflegedienst knapp 8 Euro von der Pflegekasse zuzüglich 2 Euro Fahrgeld, für das „Lagern und Betten" 3,60 Euro. Bei einem Stundensatz von etwa 30 Euro – für den übrigens kein Handwerksbetrieb eine Fachkraft losschicken würde – darf der Einsatz, damit er sich rechnet, nicht länger als 22 Minuten dauern, plus 4 Minuten Anfahrt.

Zeitprobleme liegen bei einer auf diese Weise organisierten professionellen Sorgearbeit auf der Hand. Die Pflegekräfte werden einerseits durch minutengenaue Zeitvorgaben gedrängt, schnell weiterzumachen („Push-Faktor"), andererseits häufig von den Menschen zum Verbleib genötigt – „dann hat sie extra für mich eine Tasse Kaffee gekocht" – („Pull-Faktor"). In einer Befragung von MitarbeiterInnen Kölner Diakoniezentren wurde deutlich, dass genau dieses Dilemma zu jenen Themen gehört, die im Zusammenhang mit Stress in der Arbeit genannt werden.

Dass es sich hierbei um ein strukturelles Problem einer Sorgearbeit handelt, die ökonomischen Kriterien unterworfen ist, ist offensichtlich. Selbst die Diakoniestationen können sich den Vorgaben der Kranken- bzw. Pflegekassen und dem Konkurrenzdruck privater Anbieter nicht entziehen. Unter marktwirtschaftlichen Gesichtspunkten ist Zeit bei personennahen Dienstleistungen ein entscheidender Kostenfaktor und Zeit-Haben ein Luxus. Und da Sozialstationen ebenso wie private Pflegedienste ganz knapp kalkulieren müssen, ist ihre Personaldecke immer hauchdünn. Dies führt regelmäßig zu Engpässen bei Erkrankungen von MitarbeiterInnen und in Ferienzeiten. Dann häufen sich die Plusstunden auf dem Arbeitszeitkonto der verbliebenen Mitarbei-terInnen, dann müssen zusätzliche Wochenenddienste, die in der Regel sehr unbeliebt sind, übernommen werden. Dann werden sogar bereits vereinbarte freie Tage zurückgenommen – ein Anruf am frühen Morgen: „Kannst Du heute einspringen?" - und schon sind die Pläne für den freien Tag geplatzt.

Das eigentlich Fatale an dieser Situation aber liegt darin, dass eine ausschließlich nach wirtschaftlichen Kriterien aufgebaute professionelle Sorgearbeit, die regelmäßig Zeit- und Personalknappheit in Kauf nimmt, nur funktionieren kann, wenn man die sogenannte Pufferrolle der Pflegekräfte voll mit einkalkuliert. Kassen, Wohlfahrtsverbände, die vielen kleinen privaten Arbeitgeber gehen ebenso wie die „Kunden“ ganz selbstverständlich davon aus, dass diese MitarbeiterInnen von allem etwas können und in Notfallsituationen, die in einem Arbeitsfeld wie der häuslichen Pflege ja auf der Tagesordnung stehen, jederzeit bereit sind, einzuspringen und zusätzliche Leistungen zu erbringen. Ohne diese Arbeitseinstellung, die in vielem den Merkmalen der Frauenarbeit generell entspricht, könnten die Pflegebedürftigen in diesem System nicht annähernd versorgt werden und die Betriebe nicht existieren. Also auf der einen Seite wird knallhart kalkuliert und möglichst rationell gearbeitet. Die sich daraus ergebenden Probleme werden dann aber wiederum nur mit Hilfe eines zumindest latenten Appells an das treusorgende Herz und die zupackenden Hände der MitarbeiterInnen zu lösen versucht. Auch wenn die in der Kölner Befragung auf dieses Thema angesprochenen Frauen sich darüber nicht beklagen, vielmehr eher stolz sind, dass alles so gut klappt, dass die Zusammenarbeit im Team gut funktioniere und gerade informell die Arbeitszeiten gut zu regeln seien, deuten die oft unabbaubaren Zeitguthaben von Hunderten von Stunden und die hohe Fluktuation gerade in diesem Arbeitsbereich daraufhin, dass hier vieles im Argen liegt.

Dies bestätigen empirische Untersuchungen der letzten Jahre. So wird in der Arbeits- und Betriebszeitenermittlung 2001 des ISO-Institutes deutlich, dass die Kleinstbetriebe u.a. des Gesundheitswesens sowohl bei der bezahlten als auch bei der in Freizeit ausgeglichenen Überstundenarbeit eine Spitzenposition einnehmen.[2]

Im Zusammenhang mit der Fluktuation im Bereich des Mobilen Sozialen Dienstes (MSD) ist einerseits folgende Aussage aus der Kölner Befragung sehr aufschlußreich: „... Die Arbeitsbedingungen sind einfach zu hart. Daher ist die Fluktuation sehr groß, besonders die ausgebildeten Kräfte finden schnell wieder neue Stellen. Man muss nehmen was kommt. Daher braucht man niemanden befristet einzustellen, die gehen sowieso wieder weg...“[3] Das Problem überdurchschnittlicher Fluktuation tritt jedoch keineswegs nur punktuell auf, sondern es betrifft den gesamten Alten- und Krankenpflegebereich – ambulant wie stationär. Einer Untersuchung des Bundesinstituts für Berufs-

2 Frank Bauer, Hermann Groß, Eva Munz und Suna Sayin: Arbeits- und Betriebszeiten 2001. Neue Formen des betrieblichen Arbeits- und Betriebszeitmanagements. Ergebnisse einer repräsentativen Betriebsbefragung. Berichte des ISO 67. Köln 2002

3 Irmgard Herrmann-Stojanov, a.a.O.

bildung über den Berufsverbleib bei examinierten Altenpflegekräften im Vergleich zu anderen Berufsgruppen aus dem Jahr 1997 kann entnommen werden, dass fünf Jahre nach Ausbildungsabschluss nur noch 15% der examinierten Altenpflegerinnen in ihrem Beruf tätig sind, während im gleichen Zeitraum beispielsweise noch über 50% der kaufmännisch ausgebildeten Frauen in ihrem Ausbildungsberuf arbeiten. Bei den Gründen für den Berufsausstieg werden neben harten Gründen wie Schwangerschaft und Erkrankung immerhin von 39% so genannte weiche Gründe angegeben: dabei stehen an erster Stelle schlechte Arbeitszeitbedingungen, an zweiter Stress, gefolgt von hohen psychischen Belastungen.[4]

Insgesamt kann man feststellen, dass für alle Beteiligten diese Art professioneller Sorge im Grunde unbefriedigend ist. Das Menschliche der Fürsorge bleibt dabei auf der Strecke, denn den Zeitbedürfnissen aller Beteiligten – sowohl der Pflegenden als auch der Gepflegten – wird dieses System in keiner Weise gerecht. Auch durch einen weiteren Ausbau der Qualitätssicherung allein ist dieses Problem nicht zu lösen, denn hier bedarf es ganz grundlegender Veränderungen, insbesondere bedarf es anderer Zeitregelungen, nämlich solcher, die den ganzen Menschen ins Blickfeld nehmen.[5] Die für die Qualitätssicherung gegenwärtig zuständigen Medizinischen Dienste stellten 2001 u.a. folgende Mängel bei der Ambulanten Pflege fest: anstelle einer aktivierenden erfolge eine passivierende Pflege, was eindeutig auf ein Zeitproblem hinweist. Des Weiteren wurde ein Mangel an Personal moniert, was wiederum Zeitfragen nach sich zieht.[6]

Mehr Zeit für die Sorgearbeit – ein Ziel für die Zeitpolitik!

Das Problem weist weit über den Bereich des MSD hinaus, denn es geht in der Tat um die Frage, ob Sorgearbeit überhaupt nach marktwirtschaftlichen Kriterien organisiert werden *kann*. Die gegenwärtige Praxis jedenfalls scheint nicht der Weg in eine Zukunft zu sein, in der noch viel mehr Menschen pflegeabhängig sein werden. Entweder sollten wir als potentielle Pflegebe-

4 Andreas Zimber: Berufsgruppenbezogene Gesundheitsberichterstattung als Aufgabe der Unfallversicherung: das Beispiel der Pflegeberufe. In: Sozialer Fortschritt 6/2001, S. 134-140

5 Vgl. Christel Eckart: Zeit zum Sorgen. Fürsorgliche Praxis als regulative Idee der Zeitpolitik. In: Feministische Studien Extra: Fürsorge – Anerkennung – Arbeit. 2000, S. 9-24

6 Meinolf Moldenhauer: Zum Stand der Qualitätssicherung in der Altenpflege seit der Einführung der Pflegeversicherung – unter Berücksichtigung aktueller Reformbestrebungen. In: Sozialer Fortschritt 6/2001, S. 130-134

dürftige darauf hoffen, dass - bis es mit uns so weit ist - jene Sklaven aus Blech technisch so ausgereift sind, dass sie als „Care–O-bot“ in der häuslichen Pflege zum Einsatz kommen können. In der ZEIT vom 29. August 2002 wurden sie vorgestellt: „Der intelligente Pflege- und Haushaltsroboter (Care-O-bot) soll den Menschen beim Greifen, Heben und Halten unterstützen und ihm Gegenstände wie Medikamente und Bücher reichen können. Die Überwachung von Pulsschlag und Kreislauf muß für ihn zum Standardrepertoire gehören – und selbstverständlich muß er im Notfall selbsttätig einen Arzt rufen können.“[7]

Oder wir setzen uns heute – und gerade hier in der Deutschen Gesellschaft für Zeitpolitik - dafür ein, die „Zeit zum Sorgen“ neu zu bestimmen, und damit einer weiteren Rationalisierung der professionellen Sorgearbeit entgegenzuwirken. Dabei geht es m.E. erst einmal darum, einen Diskurs über die Gewichtung jener Zeiteinheiten in Gang zu bringen, die der Fürsorge von Menschen dienen. Wenn wir in Anlehnung an Steffen Lehndorfs „Gute Dienstleistungsarbeit“[8] für eine „Gute Pflege“ eintreten, dann muss vor allem die Frage nach der Quantität und der Qualität von Zeit neu gestellt werden: Gute Pflege ist immer zugleich zeitintensive Pflege. Auch dem Zuhören beispielsweise muss offiziell Zeit gewidmet werden können. Nicht zuletzt den Wert und die Effizienz derart genutzter Zeiteinheiten gilt es neu zu bestimmen.

Vom Grundsatz her dürfte es nicht an Bündnis- und Ansprechpartnern mangeln; es ist zu vermuten, dass niemand den offensichtlichen gegenwärtigen Prozess „Von der Sorge zur Härte“[9] wirklich befürwortet. Allerdings ist in diesem Zusammenhang nicht selten vom ökonomischen Sachzwang die Rede. Und dies verhindert bisher – allen Beschwörungen einer neuen „Kultur des Helfens“[10] zum Trotz -, die grundsätzliche Debatte über eine gesellschaftliche Neubewertung von Zeit für die professionelle Sorgearbeit aufzunehmen.

---

7 Die ZEIT vom 29. August 2002: „Sklaven aus Blech. Roboter verlassen die Fabriken und dringen ins private Leben vor.“

8 Steffen Lehndorf: Auf dem Holzweg in die Dienstleistungsgesellschaft? – Gute Dienstleistungsarbeit als Politikum. In: WSI-Mitteilungen 9/2002, S. 491-497

9 Michael Lindenberg: Von der Sorge zur Härte. Kritische Beiträge zur Ökonomisierung Sozialer Arbeit. Bielefeld 2000

10 Vgl. Beate Hofmann: Fürsorge und Selbstsorge sind eins. Helfen macht Sinn – das läßt sich theologisch begründen. In: Zeitzeichen. Evangelische Kommentare zu Religion und Gesellschaft 10/2002, S. 32-34

Zweiter Teil

ZEITPOLITIK
Ansätze und Perspektiven

»Der Einzelne scheint sich oft als isoliertes Wesen der ganzen Welt gegenüber zu sehen und verhält sich dementsprechend. Auch Gesellschaft und Natur erscheinen oft als getrennte Welten. Die Beschäftigung mit der *Zeit* kann vielleicht dazu beitragen, dieses Bild einer Welt mit hermetisch geschlossenen Abteilen zu korrigieren. Man kommt bei dieser Beschäftigung nicht recht weiter, wenn man sich der Tatsache verschließt, dass Natur, Gesellschaft und Individuen ineinander eingebettet und interdependent sind.«

(Norbert Elias, 1897 – 1990)

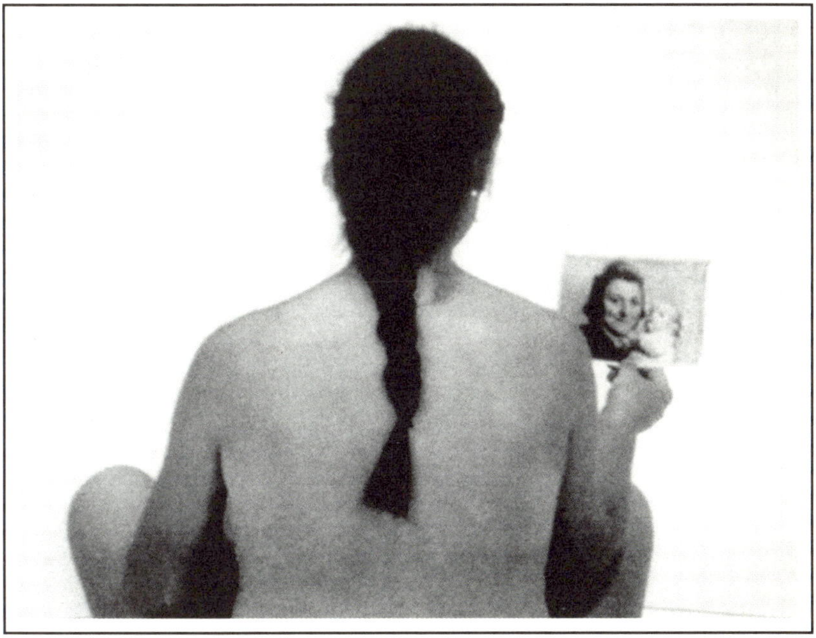

Schwanger sein
(Annegret Soltau)

Christel Eckart*

Zeitpolitik für eine Kultur der Beziehungen.

Zeitpolitik betreiben zu wollen, scheint plausibel zu sein, werden doch Zeitprobleme, Zeitnöte, individuelle Zeiterfahrungen von Beschleunigung, überfordernder Gleichzeitigkeit und notwendigem Zeitmanagement in vielen Veröffentlichungen bis zur Atemlosigkeit aufgezählt. Diese grenzenlosen Beschreibungen mögen dem Zeitgeist entsprechen. Sind sie deshalb schon Zeichen dafür, dass bei so viel Allgemeininteresse „Zeit" selbstverständlich ein Gegenstand von Politik ist? Das Wort umfasst so vieles, dass die politische Auseinandersetzung schon da beginnt, wo wir uns um Ausdruck für das bemühen, wofür wir Zeit haben wollen, und für das, was in Konflikt geraten kann.

Auf der Veranstaltung zur Gründung der Gesellschaft für Zeitpolitik im Herbst 2002 wurde die Frage danach gestellt, „wo uns die Zeit drückt". Sobald wir darauf eine Antwort zu geben suchen, müssen wir benennen, was uns einengt – Aufgaben, Erwartungen, Arbeiten, Empfindungen, Regulierungen – und wir müssen dies mit dem in Verbindung bringen, wofür wir selbst Zeit haben wollen, die Bedürfnisse, Ziele, Interessen. Die Zeit kann nicht drücken. Von Zeitdruck sprechen wir dann, wenn wir nicht mehr selbst die Prioritäten setzen können, nicht mehr nach eigenen Wünschen und Zielen eine Synthese zwischen mehreren Abläufen herstellen können, wenn wir keine Worte mehr finden für das, was erdrückt wird. Dafür Ausdrucksmöglichkeiten zu schaffen, ist eines der Ziele, das die Deutsche Gesellschaft für Zeitpolitik verfolgt.

Zeit gestalten heißt: soziale Beziehungen gestalten

In seinem klassischen Aufsatz „Über die Zeit" [1] hat Norbert Elias den sozialen Charakter der Zeit, die Zeit als Beziehungsform analysiert. Zeit ist hier Symbol für eine Beziehung, die Menschen mit ihrer Fähigkeit zur Erinnerung und zur Synthese zwischen mehreren Geschehensabläufen herstellen. Das Synchronisieren von Ereignissen ist eine menschliche Tätigkeit zu be-

* Sozialwissenschaftlerin in Kassel

1 Norbert Elias: Über die Zeit. In: Merkur 9 und 10, 1982

stimmten Zwecken. Zeit ist bei Elias nicht etwas, das da ist, sondern entsteht durch ein In-Beziehung-Setzen. Zeit bestimmen heißt dann, dass bestimmte Geschehensabfolgen als Maßstab über andere gesetzt werden. Soziale Macht beeinflusst, welche Abläufe „in der Zeit", d. h. in Beziehung zu anderen, Vorrang haben oder zur normierenden Bezugsgröße werden. Je komplexer und differenzierter Gesellschaften werden, desto mehr verselbständigt sich das Reden von der Zeit, als sei sie etwas, das da ist: „Die Zeit wird knapp." Elias nennt dies den Fetisch-Charakter des Zeitbegriffs, der dadurch entstehe, „dass er eine intellektuelle Synthese, eine Verknüpfung von Ereignissen auf einer relativ hohen Syntheseebene repräsentiert" (S.85f.). Zeit bestimmen beruht also nach Elias auf der Fähigkeit von Menschen, verschiedene Abläufe kontinuierlicher Veränderungen miteinander zu verknüpfen; einer davon wird zum Zeitmaßstab für die anderen gesetzt.

Die Rede von den „immer schnelleren Zeiten", den zusammenhanglosen Gleichzeitigkeiten kann als Ausdruck dafür gesehen werden, dass durch gesellschaftliche Entwicklungen (wie elektronische Kommunikation, Flexibilisierung von Arbeitszeiten, Mobilität) bisherige Formen von Synthesen – individuelle im persönlichen Leben und institutionalisierte in der Gesellschaft – nicht mehr angemessen sind und neue gefunden werden müssen. Der Grundgedanke von Norbert Elias hilft, die sozialen Dimensionen von Zeitpolitik zu beschreiben und wieder mit Inhalten zu füllen, was unter den ökonomischen Begriffen von „Zeit gewinnen, verlieren, sparen" seine politische Ausdrucksfähigkeit zu verlieren droht. Zeit gestalten heißt: soziale Beziehungen gestalten, verbunden mit Vorstellungen davon, wie wir leben wollen.

Zeitpolitik ist immer auch Geschlechterpolitik

Die geschlechtliche Arbeitsteilung und die gesellschaftliche Regelung von Arbeitszeiten hat in den Industriegesellschaften Geschlechterordnungen geschaffen, die die Handlungsspielräume, die Biografien, die Alltagsgestaltung und das Selbstverständnis von Frauen und Männern weitreichend beeinflussen. Die Zeitprobleme von Frauen als Hausfrauen, Müttern und Berufstätigen wurden in der Frauenbewegung in den 70er Jahren erneut zum Gegenstand politischer Diskussionen und wissenschaftlicher Untersuchungen der Frauenforschung. Die feministische Forschung hat das vielseitige, gleichzeitige In-Beziehung-Sstehen von Frauen materialreich untersucht: Die Balanceakte alltäglicher Zeitarrangements in Familie und Beruf, die Syntheseleistungen, Zeitbedürfnisse von Kindern und die geregelten Tagesläufe Erwachsener zu verbinden, freischwebende Achtsamkeit für unvorhersehbare kindliche Aktivitäten zu bewahren neben dem Wunsch und der Notwendigkeit, Handlungsbögen zu vollenden, die Planung der eigenen Lebensführung für die „Wechselfälle des Lebens“ offen zu halten..

Als „zweier Zeiten Schlachtgebiet“ hat schon Helene Lange[2] 1908 in der alten Frauenbewegung das Terrain umschrieben, auf dem Frauen um die Anerkennung ihrer Interessen kämpfen. Sie hatte dabei die Gesellschaft ihrer Zeit im Auge, die mit der Industrialisierung unter die einseitige Dominanz von ökonomischer und instrumenteller Rationalität geriet. Teile der Frauenbewegung setzten dieser Rationalität die moralischen Orientierungen an den Bedürfnissen, Fähigkeiten und Gefühlen der Einzelnen entgegen, die mit der Arbeit für die menschliche Reproduktion und mit der Fürsorge in konkreten persönlichen Beziehungen verbunden sind. Mit ihrer martialischen Formulierung vom „Schlachtgebiet“ drückte Helene Lange die Widersprüche im weiblichen Lebenszusammenhang aus, die immer wieder der Anlass waren und heute noch immer sind, aus dem Frauen häufig ihre politischen Forderungen an Zeitregelungen stellen. Die heute gängige Formel von der „Vereinbarkeit von Familie und Beruf“, die hergestellt oder ermöglicht werden soll, verdeckt dagegen leicht, welche Konflikte und Ambivalenzen in der unterschiedlichen Art von Beziehungen liegen, die eben nicht einfach durch quantitative Zeitregelungen zu lösen sind.

Die politische Karikatur der Frau als lebender Koordinationsmaschine, die mit zehn Händen wie eine vielarmige indische Göttin ständig wiederkehrende alltägliche Dinge gleichzeitig tut, doch ohne jeden göttlichen Glanz, ist ein gängiges Bild. Eine der letzten Varianten ist die Hausfrau und Mutter am elektronischen Arbeitsplatz zu Hause. Da ähnelt sie schon dem neuen Bild der „Simultanten“ mit ihren technisierten Gleichzeitigkeiten, die ihre grandiose Omnipräsenz durch Knopfdruck zu beherrschen scheinen. Der Alltagsgöttin fallen dagegen die spontanen Kinder in die technisch verlängerten Arme. Es umgibt sie ohne Glamour die regelresistente Fülle des alltäglichen Lebens.

„Work-Life-Balance“ für Frauen und Männer

Während das Programm oder das Problem der Vereinbarkeit von Familie und Beruf noch immer mit Küchengeruch und Kindergeschrei assoziiert und darum doch eher als Belastungsproblem von Frauen betrachtet werden, erhebt inzwischen eine andere Formel, der sich Männer leichter anschließen können, den Anspruch, einen kreativen Weltbezug ins Auge zu fassen: die

2 Helene Lange: Die Frauenbewegung in ihren modernen Problemen. Leipzig 1908

Balance von „Arbeit und Leben“ oder noch weltläufiger: „work-life-balance“. Hier wird ein Bereicherungs-, ein Entfaltungsdiskurs eröffnet. Wenn er hilft, über Zeit nicht nur in messbaren knappen Portionen zu sprechen, sondern darüber, wie Menschen sich und ihre Arbeiten und Tätigkeiten in einen human gestalteten Weltbezug bringen, dann sollten wir ihn nutzen. Dann kann er verbunden werden mit dem feministischen Projekt, hierarchische Geschlechterverhältnisse dadurch zu überwinden, dass Tätigkeiten und Interessen von Frauen (und Männern) im privaten Bereich, insbesondere die alltägliche fürsorgliche Praxis von Frauen, gesellschaftliche Anerkennung erfahren. [3] Dazu gehören materielle und zeitliche Ressourcen. Sie geben Aufschluss darüber, wie Gesellschaften ihre Mitglieder befähigen, demokratische Bürgerinnen und Bürger zu werden, dadurch dass sie fürsorgliche Praxis in sozialen Beziehungen ermöglichen, in denen die Angewiesenheit auf emotionale Bindungen und die Rücksicht auf körperliche und seelische Verletzlichkeit anerkannt sind. [4]

Frauen und Männer haben aus ihren Lebenszusammenhängen heraus häufig verschiedene Interessen an Zeitregelungen, die einander widerstreiten. Doch müssen sie nicht in unüberbrückbaren Gegensätzen verharren, wenn Zeit zum Sorgen – für sich und für andere – als eine allgemeine, also eine politische Angelegenheit anerkannt und nicht als ein besonderes Problem von Frauen behandelt wird. Ihre Zeitkonflikte sind der Anlass dafür, dass Frauen in die Öffentlichkeit treten wie z. B. in Italien 1990 mit der folgenreichen Gesetzes-Initiative „Frauen verändern die Zeiten der Stadt. Ein Gesetz, um die Arbeitszeiten, die Öffnungszeiten der Stadt und den Rhythmus des Lebens humaner zu gestalten“. Nach zehn Jahren kommunal- und parteipolitischer sowie gewerkschaftlicher Arbeit und vielfältigen Projekten in verschiedenen Städten wurde aus dieser Initiative in Italien ein nationales Rahmengesetz, das 2000 in Kraft trat: „Bestimmungen zur Unterstützung von Mutter- und Vaterschaft, zum Recht auf Pflege und Bildung und zur Koordinierung der Zeiten der Stadt“. In vielen deutschen Städten und weiteren europäischen Ländern hat dieser politische Anstoß aus der Frauenbewegung Nachfolgerinnen gefunden in Projekten zu „Zeiten der Stadt“. [5]

---

3 Christel Eckart: Zeit zum Sorgen. Praxis als regulative Idee der Zeitpolitik. In: Feministische Studien extra, 2000, S. 9-24

4 Vgl. Joan Tronto: Demokratie als fürsorgliche Praxis. In: Feministische Studien extra, 2000, S. 25-42

5 Vgl. Ulrich Mückenberger (Hg.): Zeiten der Stadt. Reflexionen und Materialien zu einem neuen gesellschaftlichen Gestaltungsfeld, 2. Auflage, Bremen 2000

Lösung von Zeitkonflikten: Vom individuellen zum gesellschaftlichen Anliegen

Diese Projekte sind ein Beispiel dafür, wie Zeiterfahrungen und –bedürfnisse von Frauen als Mütter, Hausfrauen und Berufstätige, die jede einzelne als individuelles Problem zu bewältigen hat, durch viele verschiedene Formen des Austauschs und der Veröffentlichung als eine gesellschaftliche Angelegenheit sozialer Beziehungen wahrgenommen werden. Zeitpolitik betreiben heißt daher auch, Zeit und soziale Räume für diese Verständigung zu schaffen, für die Wahrnehmung eigener Bedürfnisse jenseits eingefahrener Gewohnheiten, für die Entwicklung von Ausdrucksformen, in denen der erfahrene Mangel oder die angestrebten Ziele in politische Forderungen übersetzt werden können. Es braucht Zeit und Räume für die Kommunikation über bedrückende und beglückende Zeiterfahrung, um auch die Konflikte von verschiedenen Interessen an Zeitregelungen und die Machtverhältnisse, die darin institutionalisiert sind, benennen und dem politischen Streit zugänglich machen zu können. Das setzt voraus, das Netz sozialer Beziehungen hinter Zeiterfahrungen (wieder) sichtbar zu machen.

An „runden Tischen" in den Projekten „Zeiten der Stadt", an denen verschiedene Interessierte an neuen Zeitregelungen zusammenkommen, oder in Betrieben, in denen mit Beteiligung der Angestellten nach einer neuen Zeitpraxis gesucht wird, ist dieser Prozess notwendiger Teil des politischen Projektes. Er ist notwendig, um Maßstäbe für Lebens- und Arbeitsformen in die politischen Aushandlungen zu bringen, die ein Gegengewicht gegen die „Sachzwänge" und die vorherrschende ökonomische Rationalität und Effektivität bilden. Solche Gesprächsrunden haben ihren politischen Sinn und Gewinn darin, dass durch den Austausch und auch durch mögliche Konflikte zwischen den Beteiligten soziale Beziehungen sichtbar und Wünsche und Ziele erkennbar werden, also nicht nur verfestigte „Zeitbedarfe" festgestellt werden.

Politische Öffentlichkeiten haben, wenn sie einmal institutionalisiert sind, die Tendenz, schwach zu werden oder sich zu verselbständigen und die Anlässe, derentwegen sie hergestellt wurden, zu vergessen. Zeitpolitik braucht lebensweltliche Ressourcen, um ihren Anspruch, den Interessen der Beteiligten Resonanz zu verschaffen, verwirklichen und aufrechterhalten zu können. Die Worte, Diskurse und Werkzeuge, die künstlerischen und ästhetischen Mitteln, mit denen öffentlich der Austausch über Zeiterfahrungen und –regelungen angestoßen und erneuert werden soll, werden von den interessierten Subjekten geschaffen. Ihre Möglichkeiten und Fähigkeiten, mit gehaltvollen Ausdrucksformen in die Öffentlichkeit zu wirken, sind von Spielräumen gemeinsamer Zeit beeinflusst, von Privatheit, in der die „eigene Zeit" ohne jede Rechtfertigung erlebt werden kann. „Zeit für mich", „Zeit für Nichts", „Zeit für neue Erfahrungen", so drückten vielfach eingebundene Frauen ihre Wünsche in einer Gesprächsrunde aus. Zeit, zu finden, was man nicht suchte.

Kommunikative Aufmerksamkeit ist hier gewünscht, nicht isolierende Angebundenheit; autonome Aktivität und nicht Nebenhertun oder Zerstreuung. In die Betrachtung von Zeit als Beziehungsform lassen sich diese Wünsche als Beziehung zu sich selbst aufnehmen. In der Vergegenwärtigung und Vergewisserung sinnlicher Wahrnehmung in der „Eigenzeit" liegt die Möglichkeit, eigene Prioritäten in der Flut von Gleichzeitigkeiten zu finden, für die Erfahrung von individueller Einzigartigkeit, Verletzlichkeit, Abhängigkeit, Erotik und Kreativität.

Die Gesellschaft für Zeitpolitik soll dazu beitragen, dass diskursive Gemeinschaften und Foren entstehen, in denen private Bedürfnisse in politische Aktivitäten übersetzt werden; in denen der Prozess der Verallgemeinerung vom „ich brauche mehr Zeit" zum „ich und andere in meiner Situation haben einen Anspruch auf Zeit" in der Auseinandersetzung gemeinsam hergestellt wird. Zeit, Raum und Ressourcen für die Entwicklung von Fähigkeiten und Sensibilitäten sind verallgemeinerungsfähige Gegenstände politischer Ansprüche, wenn wir die Befähigung der Menschen, ihre selbstgewählten Lebensentwürfe zu verwirklichen, als Ziel im Auge haben. Politik soll daran gemessen werden, ob sie die Möglichkeiten zu dieser Befähigung erweitert oder beschneidet und daran, wie sie ermöglicht, Beziehungen zu gestalten, wenn sie „Zeit" gestaltet.

Dietrich Henckel*

Die Koordination sozialer Zeiten.

Die Koordination von gemeinsamen Zeiten – in der Familie, im Freundeskreis oder anderen sozialen Gruppen – ist in den letzten Jahrzehnten deutlich schwieriger geworden. Dafür ist eine Reihe von Gründen maßgeblich:

- Die starren Rhythmen der Industriegesellschaft – geprägt durch jeweils gleiche Aktivität vieler Menschen zu Standardzeiten – haben sich aufgelöst.
- Ausdehnung und Flexibilisierung von Arbeits- und Betriebszeiten führen dazu, dass immer mehr Menschen zu unterschiedlichen Zeiten arbeiten. Die gemeinsamen Muster fallen zunehmend weg.
- Die „Zeitpuffer" in der Familie durch die nicht erwerbstätigen Frauen sind weitgehend weggefallen.
- Die Zunahme von Angeboten, also die Ausdehnung des Optionenraumes (Güter und Dienstleistungen), verschärfen den Zeitdruck; der Wettbewerb um Zeitanteile wird härter – schon in den 70er Jahren hat Staffan Linder dieses als Phänomen der „hurried leisure class" beschrieben – mit der Folge, dass das Gefühl, keine Zeit zu haben, weit verbreitet ist, obwohl die Arbeitszeiten deutlich zurückgegangen sind und die Urlaubstage zugenommen haben.

Diese Veränderungen tragen dazu bei, dass der persönliche Entscheidungsdruck und der zeitliche Koordinationsaufwand größer werden:

- Der Ladenschluss nimmt die Entscheidung, wann mit dem Einkaufen aufzuhören ist, immer weniger ab.
- Mit Testbild und Nationalhymne war – im Gegensatz zu heute – in den 60er Jahren noch festgelegt, wann der Fernsehtag endgültig vorbei war.
- Wenn Eltern mit kleinen Kindern beide arbeiten, muss oft täglich neu darüber verhandelt werden, wer die Kinder zu Kindergarten oder Schule, Musikschule oder Sportverein bringt und wer sie wieder abholt.

---

* Wirtschaftswissenschaftler am Deutschen Institut für Urbanistik in Berlin.

- Einen gemeinsamen Termin etwa für ein größeres Essen im Freundeskreis zu vereinbaren, was in den 1950er Jahren noch vergleichsweise einfach war, ist heute mit erheblichem Aufwand verbunden.

Die Beispiele ließen sich beliebig vermehren und vieles spricht dafür, dass die Anforderungen an die Koordination der sozialen Zeiten noch weiter wachsen werden.

Dies ist zunächst nur als eine Beschreibung gemeint. Sie soll nicht nach einer Verherrlichung der vergangenen Zeiten klingen, weil ein Abbau von Einengungen immer auch große Vorteile und Freiheiten mit sich bringt. Aber selbst wenn die Darstellung nach Verherrlichung vergangener Zeitordnungen klänge, würde das Jammern nicht helfen, die alten Zeit(struktur)en kommen nicht zurück.

Wenn man also solche Veränderungen der Zeitordnung und der eigenen Leistung bei der Ordnung der Zeit feststellt, ergibt sich die unangenehme Frage: Welcher individuelle Koordinationsaufwand ist sinnvoll, gerechtfertigt, verträglich, hinnehmbar, gar wünschenswert – ist es also zweckmäßig alle Koordinationsleistung zu privatisieren?

Dies ist nicht nur eine sozial und gesellschaftlich relevante Frage, sondern auch eine ökonomische. Es geht um die spezifischen Transaktionskosten unterschiedlicher Zeitordnungen und damit um die Effizienz gesellschaftlicher Organisation:

- Ein starres Zeitregime, dem sich alle anzupassen haben, hält die Transaktionskosten zur Herstellung gemeinsamer Zeiten extrem niedrig, aber um den Preis geringer Zeitautonomie, geringer Wahlfreiheit und hoher Inflexibilität.
- Ein völlig flexibilisiertes Zeitsystem – im Extrem eine 24/7-Gesellschaft, also eine Gesellschaft, die rund um die Uhr und rund um die Woche aktiv ist, mit einem kontinuierlich weitgehend gleichen Aktivitätsniveau und flexiblen Arbeitsformen bis hin zur weiten Verbreitung der Arbeit auf Abruf – führt zu extrem hohen Transaktionskosten, weil es keine Orientierungsmarken, keine Leitplanken oder Fixpunkte mehr gibt. William Mitchell bezeichnet eine solche Zeitordnung als „weißes Rauschen“, bei der es keine „prime time“ mehr gibt. Jede gemeinsame Zeit kann und muss immer wieder neu ausgehandelt werden.

Es liegt nahe zu vermuten, dass gesellschaftlich und ökonomisch vernünftige Lösungen zwischen diesen Polen liegen müssen: Das heißt aber auch, dass es einen Mindestbestand an kollektiven Zeiten und Rhythmen geben muss. Solche Zeitinstitutionen sind als öffentliche Güter im ökonomischen Sinn anzusehen. Öffentliche Güter sind dadurch definiert, dass es keine Rivalität im Konsum gibt (im Gegensatz zu privaten Gütern schränkt der Konsum der einen Person den einer anderen nicht ein) und dass das Ausschlussprinzip (es ist nicht oder nur mit sehr hohem Aufwand möglich, jemanden vom Konsum auszuschließen) nicht funktioniert. Wegen dieser Bedingungen werden solche öffentlichen Güter in einer Marktwirtschaft – verglichen mit einem gesellschaftlichen Optimum – in zu geringem Umfang erstellt. In der neoklassischen Ökonomie sind öffentliche Güter ein Beispiel für Marktversagen, das einen Eingriff des Staates erfordert: Für ein ausreichendes Angebot ist durch staatliche Intervention Sorge zu tragen. Konkret bezogen auf Zeit bedeutet dies, dass die Sicherung der Zeitordnung und von Zeitinstitutionen eine staatliche (oder zumindest kollektive) Aufgabe ist.

Was folgt aus diesen kurzen Überlegungen für Zeitforschung und Zeitpolitik?

- Zunächst ist erst einmal ein öffentliches Bewusstsein dafür zu schaffen, dass die Zeiten sich verändern und dass Zeitordnungen gestaltet werden und gestaltbar sind. Zwar wird auf vielen Ebenen implizit „Zeitpolitik" betrieben, aber das Bewusstsein für die Folgen von Maßnahmen für die gesellschaftliche Zeitordnung fehlt.
- Es bedarf systematischer Forschung über die Kosten und Nutzen, die Vor- und Nachteile unterschiedlicher Zeitordnungen. Das heißt die Kosten von Flexibilisierung und Ausdehnung von Zeiten müssen systematisch zum Forschungsgegenstand werden. Der Vergleich von Zeitordnungen – etwa im internationalen Kontext – muss systematisch erfolgen, weil sich nur so Anhaltspunkte für „optimale" Zeitordnungen gewinnen lassen.
- Es muss darüber nachgedacht werden, wie die Kosten, bei denen es sich in großem Maße um externalisierte Kosten handelt, (re)internalisiert werden können. Hier besteht eine deutliche Parallele zur Umweltpolitik, bei der es auch zentral um die Internalisierung externer Kosten geht, wo man aber von einer Internalisierung noch weit entfernt ist. Es wird also um eine langfristige Aufgabe gehen, für die die spezifischen Instrumente auch noch entwickelt werden müssen, weil die umweltpolitischen Instrumente nicht eins zu eins übertragbar sind.
- Es bedarf einer Debatte über die Art und das Ausmaß der Grundbestände an kollektiven Rhythmen, an Zeitinstitutionen.

Zeitpolitik in einem solchen Sinne wird eine langfristige Aufgabe sein, deren Entwicklung zu einem eigenständigen Politikfeld vermutlich eine Reihe von Ähnlichkeiten mit der Entwicklung der Umweltpolitik aufweisen wird. Es wird um das Bohren dicker Bretter gehen und es wird noch schwieriger als in der Umweltpolitik werden, weil die Verhältnisse noch komplexer, die Interessen noch uneinheitlicher und divergenter sind.

Martina Heitkötter*

Die Zeit ist reif.
Perspektiven einer an Zeitwohlstand orientierten Zeitpolitik

Zeitpolitik hat in der jüngsten Vergangenheit - insbesondere auf lokaler Ebene - als praktisches Gestaltungsfeld, aber auch als Forschungsfeld an Popularität gewonnen. Gesellschaftliche Konfliktlagen und Problembestände lassen sich zunehmend unter der Perspektive ihres zeitlichen Gehalts fruchtbar reinterpretieren. Die Politisierung gesellschaftlich gemachter zeitlicher Lebens- und Arbeitsbedingungen eröffnet in vielen Fällen einen neuen, vielversprechenden Gestaltungszugang - beispielsweise im Bereich der lokalen Alltagsorganisation, der Attraktivität von Städten als Lebens- und Wirtschaftsstandort, in der lebens- und familienfreundlichen Gestaltung der Arbeitswelt, im Bereich ambulanter und stationärer Pflege oder im Hinblick auf die veränderten Alltagsbedingungen von Kindern. Dieser Beitrag greift die grundlegende Frage nach der Zielsetzung zeitpolitischen Handelns auf. Anknüpfend an die zeitpolitische Debatte plädiert er dafür, dass Zeitpolitik sich nicht darin erschöpfen darf, knappe Zeitressourcen umzuverteilen und nur für mehr Zeitkontingente, die den Menschen zur freien Verfügung stehen, zu sorgen. Vielmehr muss es zeitpolitischem Handeln darum gehen, gesellschaftliche Bedingungen dafür zu schaffen, dass Menschen die von ihnen aspirierten Seinsformen und Handlungsweisen in der Zeit auch verwirklichen können. Der Beitrag entfaltet ansatzweise eine konzeptionelle Perspektive, Menschen zum individuellen und kollektiven Zeitwohlstand zu befähigen, ohne Selbstbestimmungsrechte zu beschneiden.

Was ist Zeitpolitik, die ihren Namen verdient?

Eine zentrale Frage, die sich (an) das entstehende Gestaltungsfeld stellt, liegt in ihrer normativen Ausrichtung: was will Zeitpolitik und wie ist das Gewollte zu bewerkstelligen? Wenn hier von Zeitpolitik gesprochen wird, meine ich damit in erster Linie die - vor allem auf lokaler Ebene bereits modellhaft

* Geographin und Politikwissenschaftlerin in München.

praktizierten - Formen *expliziter* Zeitpolitik. In Abgrenzung zu den herkömmlichen impliziten Formen gesellschaftlicher Zeitgestaltung, wie sie seit eh und je von einzelnen Akteuren - wie den Kirchen, den Gewerkschaften, staatlichen Regierungen, aber auch Wirtschaftsunternehmen und -verbänden - meist mit Blick auf partikulare Interessen praktiziert werden, zeichnet sich explizite Zeitpolitik durch folgende Merkmale aus:

1. Ein *querschnittsorientierter Ansatz*, der gerade Wechselwirkungen und oft unbeabsichtigte Rückkoppelungen zwischen gesellschaftlichen Handlungsfeldern bzw. Politikbereichen in den Blick nimmt;
2. die *Lebensbedingungen und vor allem die konkrete Alltagsorganisation* werden als Zusammenhang gesehen. Die ganzheitliche Betrachtung des Alltags erfährt als zentraler Referenzpunkt zeitpolitischen Handelns eine Aufwertung;
3. die angestrebte *demokratische Legitimation*: die von gesellschaftlichen Zeitordnungen und -strukturen Betroffenen müssen zu Beteiligten gemacht und Mitwirkungsansprüche an die lokale bzw. gesellschaftliche Zeitgestaltung erweitert werden. Die zeitliche Verfasstheit des örtlichen Lebensumfelds, der Arbeitswelt, familiärer Lebensbedingungen usw. werden dabei zum Gegenstand öffentlicher Auseinandersetzung. Aushandlungsprozesse zielen dabei auf einen fairen Interessenausgleich aller Beteiligten ab;
4. von zeitpolitischem Handeln im expliziten Sinne kann dann gesprochen werden, wenn eine zielgerichtete Absicht mit dem Impetus der *Verbesserung zeitlicher Lebens- und Alltagsbedingungen* erkennbar ist (im Gegensatz zu implizitem, organisationspolitischem Zeithandeln beispielsweise, wie es durch die schliche Festlegungen von Fahrplänen oder Öffnungszeiten erfolgt).

Zeitwohlstand und Zeitkonflikte

In der Debatte um die normative Zielsetzung expliziter Zeitpolitik wurde in der einschlägigen Fachdiskussion der Begriff „*Zeitwohlstand*" geprägt. Die Mehrung von individuellem und kollektivem Zeitwohlstand wird zunehmend als Ziel von Zeitpolitik betrachtet. Auch wenn die inhaltliche Bestimmung und theoretische Fundierung dieses Begriffs selbst noch in vollem Gange ist,[1] besteht dennoch Einigkeit darüber, dass sich die Herstellung bzw. Meh-

1 Vgl. dazu den Sammelband Jürgen P. Rinderspacher: Zeitwohlstand. Ein Konzept für einen anderen Wohlstand der Nationen. Berlin 2002: Ed. Sigma. Aus diesem Band beziehe ich mich insbesondere auf die Beiträge von Mückenberger und Rinderspacher.

rung von Zeitwohlstand nicht allein in einer Vergrößerung quantitativer Zeitressourcen für die/den Einzelne(n) oder die Gemeinschaft erschöpfen kann. Statistisch betrachtet war der Anteil (erwerbs-)freier Zeit in unserer Gesellschaft aufgrund von Maßnahmen zur Arbeitszeitverkürzung oder zur Verlängerung des gesetzlichen Urlaubsanspruchs etc. historisch noch nie so hoch wie heute. Dennoch ist Zeitdruck ein rasant zunehmendes Phänomen, wie Garhammer zeigt: war es Anfang der 90er Jahre jede/r vierte Berufstätige in Deutschland, der bzw. die unter Zeitdruck litt, so war es am Ende der Dekade bereits jede/r zweite.[2] Ein Mehr an Zeit, die nicht durch Erwerbsarbeit oder andere äußere Zwänge fremdbestimmt wird, ist nicht automatisch ein Mehr an Zeitwohlstand. Zwar ist es zurecht ein wichtiges zeitpolitisches Handlungsfeld, die Fremdbestimmungen uns vorgegebener Zeitstrukturen aus dem Dienstleistungsbereich zurückzudrängen und an unsere zeitlichen Bedarfe des Alltags anzupassen, wenn diese uns unnötige Wartezeiten, doppelte Wege oder andere Koordinationskunsstücke abverlangen. Jedoch umfasst Zeitwohlstand mehr. Neben der Herstellung von Zeitgerechtigkeit zwischen verschiedenen gesellschaftlichen Gruppen durch Abbau zeitbezogener Diskriminierungen (beispielsweise zwischen den Geschlechtern und den Generationen) spielt die Frage nach dem, was in und mit dieser Zeit geschieht, eine zentrale Rolle. Entscheidend ist, inwieweit es gelingt, die verfügbare Zeit den eigenen Vorstellungen nach zu verbringen und in Wert zu setzen. Zeitwohlstand wird kurz gesagt dann als solcher vermehrt empfunden, wenn auf der einen Seite (individuell oder von der Gemeinschaft) angestrebte Verwendungsweisen von Zeit verstärkt ermöglicht und auf der anderen Seite negativ bewertete vermieden werden können.

Zeitkonflikte können als Indikatoren für mangelnden bzw. vorenthaltenen Zeitwohlstand verstanden werden. Um den angedeuteten Unterschied zwischen „Haben und Sein“ zu fassen, bietet sich folgende Differenzierung an. Zeitkonflikte können zum einen Ausdruck von *„Verfügungsdefiziten“* an freier, nicht fremdbestimmter Zeit sein. Umgangssprachlich würden wir sagen, hier geht es darum, Zeit zu haben, also der Erfahrung von Zeitknappheit und Fremdbestimmung entgegenzuwirken. Zum anderen kann es bei der Verwendung „freier“ Zeit auch zu Zeitkonflikten kommen, die Ausdruck so genannter *„Verwirklichungsdefizite“* sind. Hier liegt das Kernproblem in erster Linie darin, dass eigene Vorstellungen, wozu man diese Zeit verwenden bzw.

2 Manfred Garhammer: Zeitwohlstand und Lebensqualität - ein interkultureller Vergleich. In: Jürgen P. Rinderspacher, 2002, a.a.O.

womit und mit wem man sie konkret gestalten und verbringen möchte, eingeschränkt sind oder nicht ohne weiteres realisiert werden können. Damit sind beispielsweise die Konflikte junger Eltern - meist der Frauen, aber in zunehmendem Maße auch der Männer -, die Beruf und Familie in eine ausgewogene Balance bringen möchten, ebenso angesprochen, wie die Älterer oder Pflegebedürftiger, die sich mehr Zeit in Gemeinschaft wünschen.

Beide Perspektiven hängen eng miteinander zusammen. Es ist eine zentrale Voraussetzung, über selbstbestimmte Zeit zu verfügen, um dann in einem zweiten Schritt die Frage nach den Seinsformen und Handlungsweisen in der Zeit, die individuell oder von der Gemeinschaft angestrebt werden, aufwerfen bzw. politisch gestalten zu können. Gleichwohl hat ein Mehr an verfügbarer Zeit nicht einen Anstieg an positiven zeitlichen Verwendungsmöglichkeiten zur selbstlaufenden Konsequenz.

Wie weit kann, darf oder soll Zeitpolitik gehen bzw. reichen angesichts einer derartigen, knapp ins Bild gesetzten Ausgangslage? Zwar stellt das Zeit-Haben eine weichenstellende Grundvoraussetzung dar, um eine als jeweils gelungen erachtete Zeitverwendung zu realisieren. Dennoch kann es sich eine Zeitpolitik, die normativ an einer umfassenden Vorstellung von Zeitwohlstand ausgerichtet ist, m.E. nicht erlauben, mit ihren Maßnahmen bei einer Ausweitung der quantitativen Verfügung von Zeit stehen zu bleiben. Zeitpolitik würde dann Gefahr laufen, zu einem blutleeren „Zeitengeneering" zu verkommen. Sie darf den weiteren Schritt nicht außer Acht lassen, inwieweit nämlich Frauen, Männer, ältere Mitmenschen, Kinder und Jugendliche etc. tatsächlich fähig und in der Lage sind, mit ihrer Zeit das zu tun und zu sein, was sie möchten. Daraus lässt sich m.E. folgern, dass Zeitwohlstand nicht ohne die Frage, „wozu" Menschen Zeit haben möchten, zu erreichen ist, und dass zeitpolitisches Handeln nicht ohne die Einbeziehung dieser Frage sinnvoll zu betreiben ist.

Natürlich ist die „Wozu-Frage" ein heißes Eisen, schließt sie doch Sinnzuweisungen und -erfahrungen mit ein und damit individuelle und kollektive Wertvorstellungen. Aber diesen Zusammenhang kann man nicht nach Belieben wählen oder nicht, er ist unserem Gegenstand, der Zeit, immanent. Die Frage der gesellschaftlichen und individuellen Organisation der Zeit hat nicht nur sehr viel mit Macht(-verhältnissen) zu tun, sondern auch mit Sinn (-gebungen). Mag es uns aus subjektiver Perspektive sofort einleuchten, dass Zeit ihren eigentlichen Wert entscheidend erst dadurch erfährt, inwieweit wir sie uns konkret aneignen und sie als konkret gelebte Zeit befriedigend füllen können, wirft dieser Blickwinkel für ein Politikfeld mit universellem Anspruch doch nicht zu unterschätzende Probleme auf. Was sind ernst zu nehmende Gründe, die eine Beschränkung zeitpolitischen Handelns auf die Ausweitung verfügbarer, d. h. von externen Zwängen freien, Zeitkontingente zunächst sinnvoll erscheinen lassen? Die Selbstbestimmungsrechte, die den Menschen die Entscheidung darüber lassen, wie sie ihre Zeit gebrauchen, sind der heikle Punkt. Eine Zeitpolitik, die sich auf die Gestaltung abstrakter Zeiten konzentriert und sicherstellt, dass Zeit zur Verfügung steht, geht auf Nummer sicher und verbrennt sich nicht die Finger an dem hohen Gut der Selbstbestimmung. Aber dennoch stellt sich die Frage, wie sich Zeitpolitik zu der Dimension von Zeitwohlstand verhält, bei der es um das je gelungene Tun und Sein in der Zeit geht, das aus der verfügbaren Zeit erst positiv erlebte Zeit, also Zeitwohlstand macht. Dass Zeitpolitik weder dirigistisch sein und Vorschriften bezüglich der Zeitverwendung machen darf, noch moralisierende Einflussnahmen akzeptabel sind - ist wohl unstrittig. Deshalb muss es bei dieser Frage eher um eine Perspektive gehen, die nicht darauf ausgerichtet ist, Handeln in der Zeit vorzuschreiben und Selbstbestimmung einzuschränken, sondern vielmehr darauf, zeitliche Selbstbestimmung tatsächlich zu ermöglichen. Zeitpolitik hätte dann die Aufgabe, Menschen zu unterstützen, zu befähigen und in die Lage zu versetzen, die von ihnen aspirierten Seinsformen und Handlungsweisen in der Zeit faktisch zu realisieren.

Fokus auf die Verwirklichungschancen von Zeitwohlstand

Eine zentrale Herausforderung an (lokale) Zeitpolitik besteht meiner Ansicht nach darin, eine Perspektive zu entwickeln, welche die tatsächlichen Realisierungsbedingungen von Zeitwohlstand, inklusive der Aspirationen und inhaltlichen Bindungen gelebter Zeit, in den Blick nimmt, ohne dabei allerdings in paternalistischer Manier Zwecke und Sinnzuweisungen der Zeitverwendung vorzuschreiben bzw. die Rechte der/des Einzelnen auf Selbstbestimmung des eigenen Zeitgebrauchs zu beschneiden. Gerade anders herum - diese Rechte sind zu fördern und zu stärken. Überlegungen des indischen Ökonomen Amartya Sen, die er für den entwicklungspolitischen Bereich menschlicher Entwicklung und Armutsbekämpfung formuliert hat, bieten sehr gute Ansatzpunkte für die Einbeziehung dieses Grundanliegens in die zeitpolitische Debatte.[3] Kurz umrissen geht es bei dem so genannten

3 Vgl. u.a. Amartya Sen: Ökonomie für den Menschen („*Development as Freedom*" im engl. Original). Wege zu Gerechtigkeit und Solidarität in der Marktwirtschaft. München 2002: dtv.

„*capabilities*-Ansatz" (zu Deutsch „Verwirklichungschancen"-Ansatz) um folgenden Grundgedanken.

In Abgrenzung zu herkömmlichen Armutsbekämpfungs- und Entwicklungsstrategien, die sich auf das Wachstum des Bruttosozialprodukts bzw. die Steigerung monetären Einkommens konzentrier(t)en, fokussiert Sen auf die staatliche bzw. gesellschaftliche Verantwortung, die Handlungsspielräume und Verwirklichungschancen der/des Einzelnen zu erweitern. Diese sind jedoch bestimmt und beschränkt durch gesellschaftliche Rahmenbedingungen wie ökonomische Chancen, politische Freiheit, Zugang zu sozialen Grunddiensten, Gewährung von sozialer Sicherheit und Transparenz. Ausgehend von der Unterschiedlichkeit der Menschen in ihren faktischen Ausgangsbedingungen (aufgrund des Geschlechts, der materiellen Ausstattung, der zugestandenen politischen Rechte etc.) gibt sich der Ansatz nicht (nur) mit der Forderung nach fundamentalen sozialen Grundrechten (auf Fürsorge, Wohnraum, Bildung etc.) und allgemeinen staatlichen Leistungen zufrieden. Er richtet darüber hinaus den Blick auf den individuellen Zugang und die tatsächliche Umsetzungsfähigkeit bezogen auf die persönlichen Lebens- und Alltagsprojekte. Der „Verwirklichungschancen"-Ansatz stellt also nicht die Frage nach nationalen Aggregaten und auch nicht vorrangig die Frage, was und wie viel jemand *hat* (z. B. an Einkommen oder anderen Güterbündeln), sondern er stellt konsequent die Frage, was jede Person letztlich tatsächlich *fähig ist zu tun und zu sein* und was seitens der Gesellschaft nötig ist, diese Fähigkeiten und Verwirklichungschancen *zu ermöglichen*. Sen hebt bei der Frage, welche Verwirklichungschancen zentral und staatlich zu fördern sind, hervor, dass dies vorrangig Gegenstand des gesellschaftlichen Diskurses sein sollte. Werturteile kommen somit zur Sprache und sind zu erörtern, anstelle sie in impliziten Fördersystemen zu verbergen.

Lässt man sich von diesen Gedanken in Bezug auf Zeitpolitik und Zeitwohlstand inspirieren, eröffnet sich sehr wohl eine brauchbare Analyse- und Gestaltungsperspektive. So gewendet muss Zeitpolitik nicht stehen bleiben bei der quantitativen Umverteilung zeitlicher Ressourcen. Indem der Blick auf die *individuellen und kollektiven Chancen der Verwirklichung von Zeitwohlstand* gerichtet wird, ist Zeitpolitik konzeptionell in der Lage, sich den tatsächlichen Aspirationen der Menschen im Umgang mit der Zeit anzunähern. Damit diese Betrachtungsweise nicht ein schöner sozialphilosophischer Gedanke bleibt, sondern in politisches Handeln münden kann, sind die gesellschaftlichen Voraussetzungen und Bedingungen zu ermitteln, welche nicht nur die Verfügung über Zeit, sondern auch die gelungene „Umwandlung" abstrakter in konkrete Zeit bestimmen. Um libertären Missinterpretationen entgegenzutreten, die darin eine Maximierung individueller Handlungsfreiheiten sehen, soll zweierlei gesagt sein. Erstens sind individuell angestrebten Zeitbindungen immer auch auf ihre Effekte für die Gesellschaft zu betrachten und Abwägungen sind zu treffen hinsichtlich kollektiver Konsequenzen in sozialer, ökologischer und ökonomischer Hinsicht. Zweitens ist im Rahmen gesellschaftlicher Diskurse ein Bündel von grundlegenden Aspirationen oder „Zeitrechten" zu ermitteln, die für ein Alltagsleben im Zeichen des Zeitwohlstands als zentral erachtet werden und in Bezug auf welche Staat und Gesellschaft in die Verantwortung genommen werden sicherzustellen, dass die Bürger/innen diese zeitbezogenen Verwirklichungschancen auch ergreifen können.

Zugleich erlaubt diese Betrachtungsweise einen wichtigen Brückenschlag zwischen individuellen Handlungsspielräumen und gesellschaftlicher Gestaltungsverantwortung in Bezug auf Zeitwohlstand. Weder dürfen Zeitkonflikte (weiter) individualisiert werden, noch steht zu erwarten, dass allein kollektive Maßnahmen zeitpolitischer Gestaltung Zeitwohlstand erbringen. Beides muss ineinander greifend zeitpolitisch berücksichtigt werden. Mit den zunehmenden Anforderungen an die zeitliche Selbststrukturierung angesichts schwindender zeitlicher Vorgaben beispielsweise ist zu vermuten, dass die Verwirklichungsfähigkeit von Zeitwohlstand auch von individuellen *Zeitkompetenzen* bestimmt ist, eine eigenzeitliche Ordnung durch Rituale, selbst gesetzte Regeln etc. im neuen Mix zeitlicher Anforderungen aus Arbeitswelt und anderen Lebensbereichen zu kreieren. Allerdings darf es nicht weiter allein der persönlichen Disposition oder den Sozialisationsbedingungen überlassen bleiben, inwieweit Menschen dazu in der Lage sind. Mit Hilfe des vorgeschlagenen Blickwinkels würden parallel zur Stärkung und Gestaltung kollektiver Zeitstrukturen auch der Aufbau und die Förderung individueller Zeitkompetenzen zur gesellschaftlichen Aufgabe.[4] Beispielsweise kann hier eine neue zeitpolitische Herausforderung an die Kinder- und Erwachsenenpädagogik liegen, den souveränen Umgang mit den heutigen zeitlichen Strukturierungsanforderungen explizit zu schulen bzw. den Umgang mit der Vielfalt an Zeitformen zu kultivieren.

Der Blick auf zeitliche Verwirklichungschancen und Zeitkompetenzen ist auch deshalb zu stärken, weil angesichts des Endes der Ära der Vollbeschäftigung sowie angesichts einer demografisch alternden Gesellschaft für einen wachsenden Teil der Bevölkerung nicht Zeitdruck und Zeitknappheit die

4 Vgl. dazu den Beitrag von Martin Held in diesem Band.

Crux ist. Auch unter diesem Aspekt scheint es angezeigt, zeitpolitische Maßnahmen an dem Ziel auszurichten, die Voraussetzungen für eine gelingende Umwandlung bzw. Aneignung verfügbarer Zeit in positiv erlebte Zeiterfahrungen zu schaffen.

Über kurz oder lang werden die Menschen - Individuen wie gesellschaftliche Akteure - die Frage, ob Zeitpolitik eine sinnvolle und damit unterstützungs- und förderungswürdige Sache ist, danach entscheiden, inwieweit dadurch tatsächlich der konkret erlebte und nicht nur der potenzielle Zeitwohlstand gewachsen ist. Die Messlatte wird also letztlich nicht ein Mehr an quantitativ zur Verfügung stehender, sondern ein Mehr an gelungen verwirklichter Zeit sein. Realisierungsbedingungen sind beispielsweise durch lebenswerter und alltagstauglicher gestaltete Städte, durch humanere und mit dem persönlichen Lebensentwurf kompatiblere Arbeitsbedingungen, durch die Herstellung und den Schutz gemeinsamer Zeit zur Begegnung mit Anderen sowie durch gesellschaftliche Kultivierungspraktiken individueller Zeitkompetenzen herzustellen und zu sichern. Damit Zeitpolitik zukünftig weiter an Boden gewinnt, scheint mir daher der Blick auf Verwirklichungschancen von Zeitwohlstand ein vielversprechender Fokus zu sein.

Jürgen P. Rinderspacher*

Unsere Freiheit im Umgang mit Zeitproblemen.

I.

Die Verzeitlichung unserer Lebenswelt hat viele Gesichter, ja fast unendlich viele. Oft sind Zeitprobleme in Dingen, Begriffen oder Themenkomplexen enthalten, in denen wir sie auf den ersten Blick nicht vermutet hätten. Zum Beispiel der Magen. Der Magen ist – sofort fällt es uns auf – heutzutage wie selbstverständlich mit einem Zeitproblem konnotiert. Jeder vernünftige Arzt, den wir mit unserem säuerlichen Aufstoßen konfrontieren, wird sich rasch nach unserer Lebensweise erkundigen und nach Ärger und Zeitdruck fragen, was ja nicht selten das Gleiche ist. Ähnliches gilt, wenn wir mit Herzbeschwerden vorstellig werden. Spätestens die Medikamentenwerbung macht uns die Zusammenhänge mit unserer Lebensweise klar.

Ein anderes Beispiel wäre der Themenkomplex „Auto". Der Begriff selbst wie auch ein komplexer Funktionszusammenhang rund ums Auto sind immer schon zeitlich aufgeladen. So wird bei jedem Verkehrsunfall von der Versicherung nach der Geschwindigkeit vor dem eigentlichen Unfallgeschehen gefragt. Mit solchen und ähnlichen Begriffen sind wir in der modernen Lebenswelt umgeben. In jedem Begriff bzw. jedem Teilsystem lagert ein Vorrat zeitpolitisch relevanter Themen. Diese liegen zum Teil offen vor uns, zum Teil müssen sie jedoch erst geborgen oder gar noch kreiert werden.

So kann etwa der Themenkomplex „die Bahn" unter dem Aspekt der Geschwindigkeit (zum Beispiel wie schnell soll die Bahn unter ökologischen Gesichtspunkten fahren dürfen?), aber auch unter dem der technischen Sicherheit, der Sicherheit vor kriminellen Übergriffen wie aber auch der Zuverlässigkeit diskutiert werden. Letzterer Begriff enthält bereits wieder zeitliche Implikationen – jedenfalls wenn man ihn im Kontext der Bahn diskutiert: Zuverlässigkeit meint dann Verlässlichkeit der Anschlussverbindungen, im Güterverkehr pünktliche Anlieferung in einem komplexen logistischen Sy-

---

* Dr. Jürgen P. Rinderspacher ist Wirtschafts- und Sozialwissenschaftler am Sozialwissenschaftlichen Institut der Ev. Kirche in Deutschland (SWI) in Bochum.

stem etc. Der Begriff lässt sich im selben Kontext aber auch ohne zeitlichen Bezug gebrauchen, etwa wenn man sich darauf verlässt, dass die Sitzplatzreservierung auch wirklich notiert ist oder die Klimaanlage im Großraumwagen nicht ausfällt.

In vielen Funktionszusammenhängen kommt der Zeit die Rolle einer Leitdimension zu. Etwa die Bahn bestätigt dies selbst in einem Prospekt zum – inzwischen eingestellten - Projekt Metrorapid im Ruhrgebiet. Geschwindigkeit und Synchronität gepaart mit „Modernität" werden hier als Leitvorstellungen genannt. Wobei das „futuristische Design" der Züge, von dem im Prospekt die Rede ist, nicht nur eine zeitliche Implikation birgt, indem es auf die Zukunft verweist. „Futurismus" steht etwa in der bildenden Kunst für einen exzessiven Geschwindigkeitskult zu Beginn des 20. Jahrhunderts.

Ein anderes Thema: Zeit in der Pflege. Kaum hätte man noch vor 30 Jahren zwischen beiden Begriffen einen zwingenden Zusammenhang hergestellt. Doch wenn die Caritas oder die Diakonie im Jahre 2002 nach Christus alte und kranke Menschen betreut, steht sie vor dem Problem, die Menschen nur noch körperlich, jedoch nicht mehr geistlich betreuen zu können, weil die Zeit dafür nicht mehr vorhanden ist oder zu sein scheint. Wie kann man im Rahmen der vorgegebenen Standardzeiten bzw. Pflegesätze ein Gebet zeitlich unterbringen? Das Proprium kirchlicher Diakonie droht darüber verloren zu gehen: Das Gebet erscheint nun als zusätzliche Aufgabe, deren Geldwert man unabweisbar zu kalkulieren hat, selbst wenn die Gründung und Existenz der helfenden Organisationen sich in letzter Konsequenz auf Jesus Christus berufen darf.

II.

Offensichtlich unterliegen nicht nur so relativ handfeste Dinge wie die zuerst genannten der Temporalisierung. So auch der Begriff der Freiheit, der auf den ersten Blick gar nichts mit Zeit zu tun zu haben scheint. Freiheit hat – weshalb ich den Begriff an dieser Stelle einbringe - in Bezug auf Zeitpolitik jedoch einen systematischen Ort.

Ursprünglich stand der Begriff ja für die Befreiung aus der Knechtschaft, fungierte in der Aufklärung als Kampfbegriff gegen ungerechtfertigte Herrschaftsverhältnisse und beinhaltete die Propagierung des freien Willens freier Individuen. Mit anderen Worten stand Freiheit für die Utopie der Emanzipation schlechthin. In dieser grundlegenden Bedeutung, wie sie etwa in der amerikanischen Unabhängigkeitserklärung oder bei den französischen Aufklärern verwendet wird, ist Freiheit erst einmal zeitlos. Auch etwa bei Rosa Luxemburg steht Freiheit als die Freiheit des Andersdenkenden zunächst ohne einen inneren Bezug zur Zeit da.

So wir ihn im alltäglichen Sprachgebrauch verwenden, ist der Begriff der Freiheit jedoch kaum mehr zu gebrauchen, ohne seine zeitlichen Implikationen mitzudenken. Freiheit ohne die Implikation einer freien persönlichen Zeitallokation ist heute eine fast sinnlose Vorstellung. Meint Zeitpolitik daher ihrem Wesen nach nicht vor allem Herstellung von mehr persönlicher Freiheit für das Individuum? Erschöpft sie sich vielleicht sogar darin, wo immer dies im praktischen Alltag möglich erscheint, die zeitlichen Spielräume der Menschen zu vergrößern? Der viel zitierte Nobelpreisträger Amartya Sen beispielsweise erweckt ja in seinem (ökonomischen) Oeuvre den Eindruck, alles in der Welt, in der Wirtschaft und Gesellschaft, laufe mehr oder weniger darauf hinaus, Freiheit zu implementieren. Zeitpolitisch gewendet könnte dies heißen: Gebt den Menschen ein Recht auf die Verfügung über die eigene Zeit, um mehr Wohlstand – Güterwohlstand und Zeitwohlstand - und mehr Gerechtigkeit zu verwirklichen!

Ich hätte an einem solchen Ansatz, zumindest in dieser Zuspitzung, meine Zweifel. Natürlich ist zeitliche Melioration als Ziel von Zeitpolitik nicht denkbar, ohne die Handlungsfreiheit des Individuums an vorderer Stelle zu reflektieren. Doch in vielen Ansätzen neuerer Provenienz wird Freiheit emphatisch verstanden als die möglichst uneingeschränkte *Handlungsfreiheit* eines Individuums, das vordringlich damit beschäftigt ist, seinen individuellen Nutzen zu maximieren. Ein solcher Begriff von Freiheit scheint mir eine unzulässige Verkürzung zu sein. Die Welt wird hier lediglich noch als große Arena einer wirtschaftlich effizienten individuellen Zeitverwendung vorgestellt – Zeit ist Geld. Freiheit wäre dann die Freiheit einer uneingeschränkten utilitaristischen Zeitallokation.

Wahrscheinlich ist das Paradigma des nutzenmaximierenden Individuums, das sich überall durchgesetzt hat, als solches das Problem. Denn indem dies über allem steht, geschützt vom Pathos (post-)moderner Freiheitsideale, drängt es uns buchstäblich in die Zeit. Das heißt: drängt es uns zu einer Zeitallokation, deren fast tautologischer Sinn darin besteht, es den Individuen zu ermöglichen, aus einer knapp bemessenen Lebenszeit möglichst viel herauszuholen.

Was das Ziel von Zeitpolitik angeht, erscheint es mir daher zu eindimensional, dieses ausschließlich oder überwiegend in der Vergrößerung zeitlicher Freiheiten zu sehen. Auch die gängige Formel, der zufolge die eigene Freiheit dort aufhört, wo die Einschränkung der der anderen beginnt, schiene mir als Generalklausel auf zeitliche Probleme angewandt für sich allein nicht überzeugend. Was heißt das für den Ladenschluss oder die Frage, ob man Nachtkindertagesstätten (oder Kindernachtstätten...) befürworten soll oder nicht? Und ist es lediglich eine Frage der Einschränkung von Freiheiten, wenn der Geschwindigkeitskult einer Gesellschaft allmählich die Umwelt zerstört? Ist es primär ein Problem von Freiheit, wenn jemand in der Tierproduktion chemische Beschleuniger für das Größenwachstum einsetzt? Und wenn die immer weitergehende Steigerung des Arbeitstempos in den Fabriken, Büros und hinter den Ladentheken die Gesundheit der Menschen ruiniert, besteht Zeitpolitik ja nicht unbedingt in der Ermöglichung der Freiheit, seinem Arbeitgeber den Rücken zu kehren.

Meine Kritik richtet sich also dagegen, die Freiheit zur dominanten Richtschnur von Zeitpolitik zu machen, wenngleich sie immer irgendwo im Spiel ist. Doch Melioration, Verbesserung der Lebensverhältnisse und, noch allgemeiner, des (zeitlichen) Zustandes der Welt, beinhaltet nicht notwendig in jedem Fall mehr Freiheit für den/die Einzelne/-n. Die zu Recht kritisierte Dominanz des Geldes bzw. der Kapitalgewinnung in der Marktgesellschaft darf nicht einfach nur durch eine neue Hegemonie der individuellen Freiheiten ersetzt werden. Die Zielsetzung von Zeitpolitik ist, denke ich, vielgestaltiger, sie umfasst ein komplexes Zielbündel.

Dementsprechend wäre eine Politik zu verfolgen, die sich emphatisch als Verwirklichung einer Ökologie der Zeit versteht und daher mehrere Ziele gleichrangig in Einklang zu bringen sucht. Im Kontext dieses zeitökologischen Ansatzes hätte Zeitpolitik vier globale Ziele im Sinne eines magischen Vierecks zu verfolgen. Als ein Optimum würde man anzusehen haben, wenn folgende Kriterien jeweils für sich möglichst weitgehend erfüllt sind:

- möglichst geringer Zeitverbrauch, in Verbindung mit
- möglichst geringem Ressourcenverbrauch, in Verbindung mit
- möglichst geringem Verbrauch an menschlicher Gesundheit (Wohlbefinden, nach WHO-Definition), in Verbindung mit
- möglichst geringen Einschränkungen persönlicher Freiheiten.

Zu diesem Viereck - die ersten drei Kategorien stammen aus meinem Entwurf einer Ökologie der Zeit Mitte der 80er Jahre, das vierte Kriterium der persönlichen Freiheit tritt als Ergebnis der neueren zeitpolitischen Debatte neu hinzu – ein Beispiel. Wenn man etwa nach einer zeitpolitisch vertretbaren Geschwindigkeit im Straßenverkehr fragt, so wären zu berücksichtigen:

Erstens das Bedürfnis der Menschen (jedenfalls im alltäglichen Normalfall), zügig von A nach B zu gelangen; welches zweitens relativiert werden muss durch den Treibstoffverbrauch, der mit zunehmender Geschwindigkeit bekanntlich überproportional wächst. Drittens wäre einzubeziehen die von bestimmten Geschwindigkeiten an stark erhöhte Gefährdung der Verkehrsteilnehmer sowie viertens die Einschränkung persönlicher Freiheiten direkt und indirekt Betroffener, etwa infolge der Behinderung der räumlichen Mobilität im Nahbereich durch Autobahntrassen. Die Beispiele ließen sich fortsetzen. Dabei müssen, je nach dem in Rede stehenden Gegenstandsbereich, nicht notwendig alle Kriterien in gleicher Weise Berücksichtigung finden.

III.

Was die Freiheit angeht, soviel lässt sich feststellen, besteht eine enge Verbindung zwischen der Betonung der individuellen Freiheit in der Postmoderne (oder reflexiven Moderne) einerseits und der Art, wie wir Zeitprobleme heute als solche erkennen andererseits. Und schließlich auch dazu, wie wir sie politisch behandeln und welche Lösungsvorschläge uns dazu einfallen. Wir besitzen mit anderen Worten eine gewaltige Definitionskompetenz, mit der wir uns allerdings viel Arbeit einhandeln. Was eigentlich ist ein Zeitproblem, und woher nehmen wir die Gewissheit oder auch nur die Ahnung, mit „Zeitpolitik" den zutreffenden Aspekt einer Sache thematisiert zu haben, einen Gegenstand also nicht nur willkürlich unter dem Aspekt seiner stets latent existierenden Zeitlichkeit in die Diskussion gebracht zu haben?

Wenn es zutrifft, dass die Problematisierung von „Gegenständen" oder „Systemen" nicht notwendig aus sich selbst heraus entsteht, sondern dass die Erzeugung von Problemen und so auch von Zeitproblemen als solche Bestandteil eines fortlaufenden Diskurses im (reflexiven) Modernisierungsprozess ist, dann ist die Temporalisierung von Gegenständen anders ausgedrückt ein Produkt öffentlicher Kommunikation. Diese vollzieht sich in verschiedenen Teilöffentlichkeiten und nimmt von dort aus ihre eigenen Wege. Manchmal benötigt eine solche temporalisierende Thematisierung eines Begriffs Jahrhunderte, wie etwa die Temporalisierung des Freiheitsbegriffes. Manchmal jedoch geschieht sie auch im Horizont weniger Tage oder Monate: Plötzlich erkennt ein breites Publikum die Mästung der Schweine mit Futterzusätzen, die von irgend einem Zeitpunkt an als „Wachstumsbeschleuniger" bezeichnet werden, als Zeitproblem – vielleicht angestoßen durch eine Tagungsreihe in einer Evangelischen Akademie, die unsere tägliche Nahrungsaufnahme zuvor unter dem Titel „*Zeit*fraß" diskutiert hatte. Wenn man einer längst überwundenen Abbildtheorie folgen würde, dann wäre unser Bewusstsein über das viel zu schnelle Essen und seine negativen Auswirkungen – eingangs war von Magenbeschwerden die Rede - eine Folge der objektiven Veränderung unserer Lebenswelt, hier der „McDonaldisierung" unseres Essverhaltens. Und eine Organisation wie Slow Food beispielsweise müsste man dann als eine bloße Reaktion darauf interpretieren. Doch so einfach ist die Sache wohl nicht. Die mediale Öffentlichkeit reagiert eben nicht nur, sie besitzt zugleich die Freiheit, selbst neue Wirklichkeiten, neue Zeit-Welten und Zeit-Probleme zu generieren.

Daher wird sich eine Deutsche Gesellschaft für Zeitpolitik bildlich gesprochen nicht nur in der Rolle sehen können, den objektiv vor ihr ausgebreiteten Zeitproblemen wie den Pfifferlingen im Wald suchend und findend nachzugehen. Einerseits hätte sie die fortschreitende Temporalisierung der Lebenswelt, die zweifellos auch eine objektive Seite hat, zwar eher passiv-beobachtend und analytisch zu begleiten. Andererseits hätte sie jedoch die offensive Aufgabe, den gesellschaftlichen Prozess der Verzeitlichung mit zu beeinflussen, und zwar auf der begrifflichen Ebene ebenso wie auf der realen. Sie hätte zum Beispiel relativ neu aufgetretene Verzeitlichungsprozesse wie im erwähnten Fall der Schweinemast als solche sichtbar zu machen, würde also aktiv dazu beitragen, die Rationalisierung der Schweinemast (auch) als ein Zeitproblem zu kategorisieren. Auf der „realen" Ebene könnte eine Deutsche Gesellschaft für Zeitpolitik sogar selbst Motor der Verzeitlichung in einschlägigen Bereichen sein, so wenn es um die bessere Abstimmung der Zeiten im städtischen Nahbereich, also um bessere „Zeiten der Stadt" geht. Vorstellbar wäre eine offensive Verzeitlichungsstrategie etwa auch in den Bereichen Arbeitszeiten oder Schulzeiten - was allerdings nicht bedeuten müsste, den Zeitrahmen im Unterricht noch enger zu setzen und die Schulzeiten weiter zu verkürzen.

Vorschläge zur Neugestaltung der Zeiten hier und in anderen Politikfeldern beinhalten in der Praxis zumeist sowohl eine weitergehende Verzeitlichung als auch eine partielle Entzeitlichung. Letztere meint hierbei noch etwas anderes als Entschleunigung, allerdings auch nichts Gegensätzliches hierzu. Man könnte auch sagen, Entzeitlichung wäre die radikalste Form der Entschleunigung bzw. wäre der Nullpunkt jeder Entschleunigung, d.h. die völlige Entzeitlichung eines bislang zeitpolitisch noch relevanten Objekts. Natürlich ist immer irgendwie Entschleunigung mit im Spiel, wenn über Zeit gesprochen wird, jedenfalls steht die Frage virtuell bei fast allen denkbaren zeitpolitischen Interventionen mit im Raum. Entzeitlichung meint hier, die vorfindliche Verzeitlichungsstruktur eines Gegenstandes zu dekonstruieren. Das wird oft bedeuten, den betreffenden Gegenstand im Hinblick auf seinen Zeitaspekt bzw. dessen Zeitlichkeit aktiv zu dethematisieren. Will sagen: Zeit soll bezogen auf den Gegenstand am Ende der Intervention am besten überhaupt kein Thema (mehr) sein, die zeitliche Dimension einer Sache soll gegenüber anderen Dimensionen zumindest (wieder) in den Hintergrund treten. Dies zu erreichen, wird im einen Fall leichter möglich sein als im anderen, in jedem Fall ist hierzu Arbeit angesagt, zeitpolitische Arbeit.

Detemporalisierung meint in der politischen Praxis auf weiten Strecken anzukämpfen gegen die Ökonomisierung vieler Lebenswelten. Am erwähnten Beispiel der mobilen Krankenpflege, wo ein gutes Wort oder ein Gebet unter Zeitdruck gerät, kann der Prozess der Ökonomisierung und Verzeitlichung in Einzelschritten über die Jahrzehnte exemplarisch noch gut rekonstruiert werden. Doch was bedeuten in diesem Fall ganz praktisch Entschleunigung, Entzeitlichung oder Dekonstruktion des Zeit-Mythos – und wie wären solche Erkenntnisse politisch umzusetzen? Ist die Temporalisierung der Zeiten des Gebets nicht eine Realität, der wir uns stellen müssen und die wir nicht abwenden können? Jedenfalls wird das schwierig, wenn wir eine Pflege alter und kranker Menschen zu Kosten und Preisen haben wollen, die wir als Solidargemeinschaft noch bezahlen möchten.

IV.

Wie wir inzwischen wissen, besteht die Lösung eines Zeitproblems ja sehr oft gerade nicht darin, die Zeit immer noch raffinierter zu bewirtschaften. Gar nicht oder viel seltener auf die Uhr schauen zu müssen, darin besteht so etwas wie ein ursprünglicher Zeitwohlstand. Den ursprünglichen Zeitwohlstand können wir allerdings nur in Ausnahmefällen wieder herstellen, als zeitliches Biotop. Aber es gibt sie dennoch, diese tendenziell entzeitlichten und daher ganz von Freiheit bestimmten Situationen, die wir so schätzen: Beim Essen, beim Reden, beim Lieben, beim Spielen mit den Kindern oder vor dem Computer. Wir haben das Gefühl, zu uns zu kommen, wenn wir den zeitlichen Kontakt zur Außenwelt unterbrochen haben oder im Rhythmus einer Gruppe harmonisch mitschwingen.

Die meisten von uns werden der Meinung sein, das Paradies – jene Epoche, als die Zeit noch keinen Preis hatte – sei unwiederbringlich verloren. Mag sein. Aber das sollte uns nicht davon abhalten, notfalls auch gegen den Trend nach Lösungen zu suchen, die uns helfen, verlorene Zeit zurückzuerobern. Dazu haben wir die Freiheit.

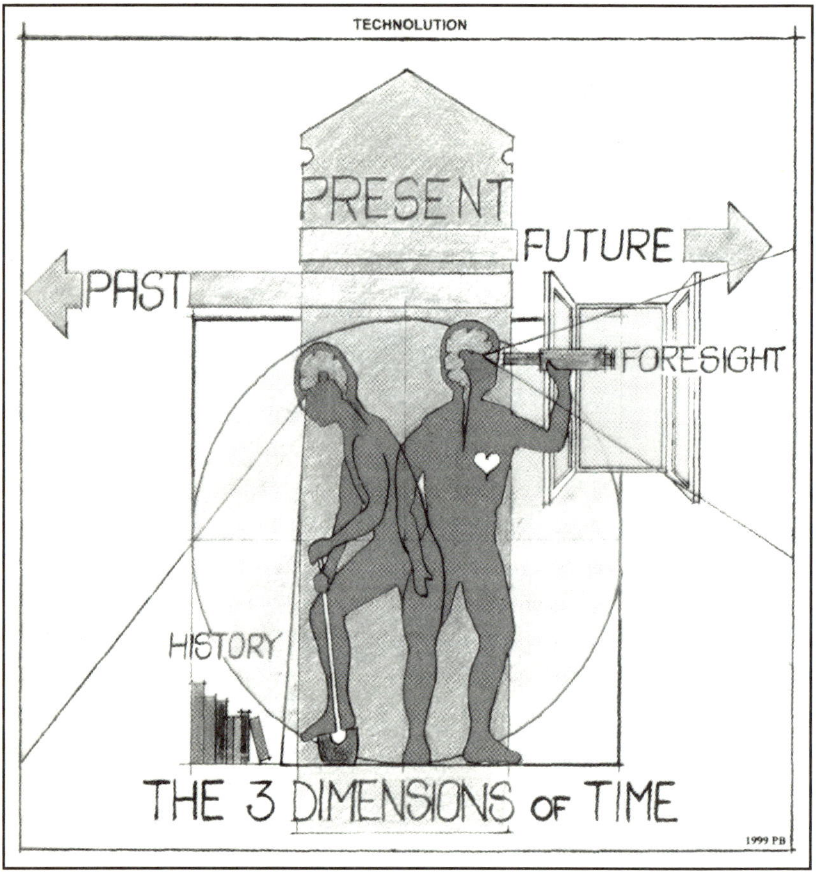

Die drei Dimensionen der Zeit:
Vergangenheit (Geschichte) – Gegenwart – Zukunft (Voraussicht)

Martin Held*

Zeitkompetenz und Zeitpolitik für mehr Zeitwohlstand.

Güterwohlstand und Zeitwohlstand

Zeitwohlstand – haben Sie davon schon etwas gehört, bevor Sie dieses Buch in die Hand nahmen? Wenn nicht, dann befinden Sie sich in guter Gesellschaft. Für die meisten unter uns ist der Begriff neu. Und doch können nahezu alle etwas damit anfangen, wenn die Rede darauf kommt. Fast immer schwingt dann eine positive Grundstimmung mit. Es wäre schön, wenn wir mehr davon hätten. Das hat mit einem weit verbreiteten Gefühl von Zeitdruck und Hetze zu tun. Dies bildet den Hintergrund zu einer intuitiven Sehnsucht nach Zeitwohlstand.

Wir können das verstehen, wenn wir uns für einen Moment auf den Zusammenhang von Güterwohlstand und Zeitwohlstand einlassen. Das moderne Wirtschaften war mit der Verheißung verbunden, dass der technische Fortschritt durch anhaltendes Produktivitätswachstum beides ermöglichen würde: ständige Steigerung des Güterwohlstands und stetige Zunahme der verfügbaren Zeit zum Konsumieren und Genießen dieses Güterwohlstands. Hätte sich diese Verheißung reibungslos erfüllt, wäre Zeitwohlstand vermutlich nicht weiter gefragt. Er würde uns dann bei unserem starken Drang zur Steigerung des Güterwohlstands als dessen unbeabsichtigter Zwilling ganz von selbst nebenbei beschert werden. Offenkundig ist dies nicht ohne weiteres so. Güterwohlstand gerät vielmehr vielfach in Gegensatz zu Zeitwohlstand.[1] Trotz vieler „zeitsparender" Geräte stehen viele von uns immer mehr unter Zeitdruck. Genauer formuliert, nicht trotz, sondern wegen vieler derartiger Geräte: Je mehr Zeit wir durch entsprechende Zeiteinsparung haben, desto mehr

---

* Wirtschaftswissenschaftler, Studienleiter an der Evangelischen Akademie Tutzing.

1 Gerhard Scherhorn und Lucia A. Reisch: Güterwohlstand und Zeitwohlstand. Ich wär so gern ein Zeitmillionär. Politische Ökologie 57/58, München Januar/Februar 1999, S. 52 – 56

haben wir zu wenig. Das Gefühl, etwas verpassen zu können, wird noch stärker. Ökonomisch nennt man das die Opportunitätskosten der Zeit.

Zeitwohlstand muss nicht unvermeidlicherweise zum Güterwohlstand in einen Gegensatz treten. Vielmehr hängt das davon ab, ob uns Zeitwohlstand wertvoll ist. Mit anderen Worten, ob uns die Zeiten selbst wichtig sind oder ob sie einfach nur Mittel zum Zweck sind, um noch mehr Güter zu besitzen. Ebenso wie für Güterwohlstand haben wir etwas für unseren Zeitwohlstand zu tun. Es ist nicht einfach ein temporales Schlaraffenland. Wir haben uns dafür Zeit zu nehmen und Zeitkompetenz zu erwerben und zu üben.

Zeitwohlstand

Was aber ist „Zeitwohlstand"? Nimmt man die spontanen Antworten in Gesprächen und Diskussionen zu dieser Frage, tauchen an erster Stelle zwei Typen von Antworten auf: Zeitwohlstand bedeutet, viel Zeit zur Verfügung zu haben und selbst darüber bestimmen zu können. Vielfach folgt dann schnell die Frage: Kann das so stimmen? Müssten dann nicht Arbeitslose zufriedener sein, da sie mehr frei verfügbare Zeit haben? Untersuchungen belegen, dass viele Arbeitslose Stress-Symptome und eine höhere Wahrscheinlichkeit entsprechender Krankheitsbilder zeigen als typische Berufstätige. Dies kommt vielfach den Problemen stark beschäftigter, unter Zeitdruck stehender Personen nahe.

Wer unfreiwillig (zu) viel freie Zeit verfügbar hat, kann nicht ohne weiteres mehr Zeitwohlstand genießen. Statt dessen sind häufig frustrierende Langeweile und unterschiedlichste Formen von „Zeitvertreib" an der Tagesordnung. Wir können damit die intuitiven Antworten darauf, was Menschen sich unter Zeitwohlstand vorstellen, prägnanter fassen:

- *Zeitwohlhabend*: Zeitwohlstand bedeutet, dass wir angemessen Zeit für Aktivitäten zur Verfügung haben. Damit stehen wir weder permanent unter einem extremen Zeitdruck noch haben wir dauernd zu viel Zeit.
- *Zeitsouverän*: Zeitwohlstand bedeutet zugleich, dass wir selbst über unseren Umgang mit Zeit bestimmen können.

Beachten Sie das kleine Wort „angemessen". Zeitwohlstand ist ein subjektives Konzept. Was angemessen ist, kann in verschiedenen Lebenssituationen, Altersstufen, nach Aufgabenstellungen etc. recht stark variieren. Dabei spielt eine Rolle, welchen „Chronotypen" wir zuneigen. Ein kleines Beispiel: Die Chrono-biologie hat die Redeweise des Volksmunds zwischenzeitlich empirisch erhärtet: Es gibt „Lerchen" unter uns (Morgenmenschen). Sie wachen vergleichsweise früh auf und sind gleich aktiv. Und es gibt „Eulen“ unter uns (Abendmenschen). Deren Grundrhythmus ist im Tagesablauf deutlich nach hinten verschoben. Die meisten sind Tagmenschen. Wenn es die Lebensumstände uns ermöglichen, gemäß unserem circadianen Grundtyp zu leben, ist dies für Zeitwohlstand sehr förderlich.

Damit kommt der zweite Aspekt ins Spiel, die Zeitsouveränität. In manchen Fällen und bei manchen Tätigkeiten, ob im Berufsleben oder im Privatbereich, ist es ziemlich eindeutig bestimmbar, ob wir selbst über unsere Zeitgestaltung und unseren Umgang mit Zeiten bestimmen können oder nicht. Vielfach sind die Vorgaben jedoch nicht so eindeutig „Zeiten selbst bestimmbar ja – nein“, sondern es bestehen Gestaltungsspielräume. Wie groß die Gestaltungsspielräume sind, hängt zum einen von der Ausgestaltung der äußeren Gegebenheiten ab. Wenn uns gesellschaftlich Zeitwohlstand wichtig ist, sind diese Gegebenheiten so zu gestalten, dass sie für Zeitwohlstand förderlich sind. Dies ist das Feld der Zeitpolitik. Zum anderen hängt der Gestaltungsspielraum auch von uns selbst, vom Individuum ab. Hier ist das Konzept der Zeitkompetenz wichtig. Das hat mit einem Wesensmerkmal von Souveränität zu tun: selbstbestimmt und kompetent mit den Zeiten umgehen zu können, ist von den äußeren Umständen und von den eigenen Zeitkompetenzen abhängig. Das Komplement zur Zeitpolitik ist deshalb auf organisatorischer und individueller Ebene Zeitkompetenz. Wir können etwas dafür tun, mit den Zeiten angemessen umgehen zu können.

Zeitkompetenz für Zeitwohlstand

Zeitkompetenz umfasst dabei sehr viel mehr, als üblicherweise modisch unter Zeitmanagement gefasst wird: Mit Uhren und Kalendern umgehen zu können, ist in unserer Art von Gesellschafts- und Wirtschaftsorganisation selbstverständlich. Es kommt darauf an, die Zeiten darüber hinaus gehend in ihrer Vielfalt und damit in der ganzen Bandbreite der Anforderungen zu verstehen und dies im eigenen Umgang mit den Zeiten zu verankern. Ein Beispiel: Planung mit Kalendern ist eine Kulturtechnik. Zeitkompetent ist man, wenn man diese mit der nötigen Offenheit und Spontaneität kombinieren kann. Ansonsten kämpfen wir gegen die Unsicherheit der Zeiten an und lassen viele Chancen zum Erkennen richtiger Zeitpunkte aus. Der „*kairos*“ geht unbemerkt an uns vorüber. Bei einer auf zerstückelten Zeiteinheiten beruhenden Planung sind viele auf die Abarbeitung von Zeitplänen fixiert, ohne rechtzeitig Signale von aufkommenden Problemen und Risiken wahrzunehmen.

Ich kann hier die Vielzahl der Zeitdimensionen, die zur Zeitkompetenz gehören, nur andeuten:[2] Rhythmen aller Art sind von besonderer Bedeutung. Das Erkennen unserer Eigenzeiten ebenso. Timing, angemessene Geschwindigkeiten, umgehen können mit Unsicherheit, sich konzentrieren können auf die Gegenwart, den Augenblick und planen können für die Zukunft, dies sind nur einige der weiteren Stichworte hierfür. Gestaltung von Anfängen, Abschlüssen, Pausen, Wiederholungen und Gleichzeitigkeit sind andere Stichworte. Besonders schwer fällt vielen von uns heute, auf der einen Seite aktiv sein zu können und auf der anderen Seite etwas lassen zu können und zu entspannen. Deshalb sind Ruhe, Muße und sich entspannen können unter den heutigen Umständen für viele von uns besonders relevante Aspekte von Zeitkompetenz als Voraussetzung für Zeitwohlstand.

Damit ist ein weiterer Punkt angesprochen. Zeitwohlstand wird zum Teil als „Insel-Konzept" verfolgt: Die Arbeitszeit ist in diesem Konzept eine rein auf Gelderwerb und Güterwohlstand abzielende Zeit, die ohnehin nur in geringem Maße selbst bestimmbar ist. Zeitwohlstand hat sich in diesem Verständnis auf Zeitinseln in der sonstigen Zeit zu konzentrieren. Dafür haben wir Zeitkompetenz zu üben, damit nicht die Effizienzorientierung der Arbeitszeit auf die ganze andere Zeit ausstrahlt und uns auch dort unter Zeitdruck setzt. Andere verstehen dagegen Zeitwohlstand als Bestreben, umfassend sinnerfüllte und selbstbestimmte Aktivitäten anzustreben. In diesem Konzept bedeutet Zeitkompetenz, einen angemessenen Rhythmus von Aktivität und Entspannung zu finden, einschließlich der Arbeit.

Ein derartig umfassender Zugang ist auch und gerade ökonomisch zentral: Wer immer nur rast und noch mehr in die gleiche Zeit an Aktivitäten zu pressen sucht, nicht entspannen kann, nie zur Ruhe kommt, der ist tendenziell unwirtschaftlich. Kreativität ist dann nur sehr eingeschränkt möglich. Ruhe für ein intensives Gespräch findet sich fast nie. Falls doch, wird es durch Zeitdruck weniger produktiv. Ganz bei der Sache sein zu können ist dann schwierig. Zeit ist dann ausschließlich als Mittel zum Zweck für andere Ziele wichtig. An einer Aktivität Freude haben und diese motiviert mit Spaß ausüben zu können, ist für die Zufriedenheit und Leistungsfähigkeit jedoch von großer Bedeutung.

Bisher habe ich die individuelle Seite der Zeitkompetenz als Voraussetzung für Zeitwohlstand in den Vordergrund gestellt. Ebenso wichtig ist die

---

2 Ausführlich zum *Tutzinger Ansatz zur Zeitkompetenz* vgl. Elmar Hatzelmann und Martin Held: Zeitkompetent – Wege zum Zeitwohlstand. Weinheim 2004, in Vorbereitung

soziale Seite. Vereinfacht kann man das mit *Zeitempathie* umschreiben. Verständnis und Offenheit für die Rhythmen und Eigenzeiten anderer sind für unseren Umgang mit den Zeiten so grundlegend wie das Verständnis der eigenen Zeiten. In den 1990er Jahren kam die Parole auf: „Die Schnellen besiegen die Langsamen". Dementsprechend wurden in vielen Betrieben aller Branchen die Menschen angehalten, alle gleichermaßen möglichst immer noch schneller zu werden. Dies ist völlig verfehlt. Zum einen sind wir Menschen in unseren Zeiten, wie angedeutet, sehr unterschiedlich. Dies ist an unterschiedlichen Chronotypen abzulesen. Die einen sind Simultant/-innen, denen es vergleichsweise leichter fällt, moderne Formen der Gleichzeitigkeit (Internet, mobil werden mit Laptop, Handy etc.) gerecht zu werden. Andere sind Sequenzialist/-innen, die Tätigkeiten sehr viel besser nacheinander ausführen können. Zum anderen ist bereits der Ausgangspunkt unzutreffend. Eine allgemeine Raserei ist völlig verfehlt. Es kommt auf angemessene Geschwindigkeiten an. Noch wichtiger ist in vielen Fällen das angemessene Timing, die Koordination von Zeiten. In der Werbung spiegelt sich wider, dass der Höhepunkt des Beschleunigungs-Hypes mit dem Ende der so kurzlebigen Illusion einer angeblichen New Economy überschritten wurde. Erfahrung, langfristige Wertschöpfung, Sicherheit, angemessenes Timing u.a. werden wieder stärker betont.

Ebenso wie die soziale Seite ist das Verständnis für die *Zeiten der Natur* und deren Beachtung ein anderer, vergleichbar relevanter Strang von Zeitkompetenz. Dieser kommt zunehmend ins öffentliche Bewusstsein. Nicht zufällig ist dabei die Wahrnehmung unserer eigenen Natur der Schrittmacher, d. h. unsere Körperzeit, Gesundheit und unser Wohlbefinden. Die Ignorierung der natürlichen Tagesrhythmik, mangelnde Zeit für körperliche Bewegung, mangelnde Zeit im hellen Tageslicht insbesondere in der dunkleren Jahreszeit sind alles Merkmale der fälschlicherweise als modern verstandenen Lebensstile. Zunehmend werden die Erkenntnisse der Chronobiologie, Ernährungs- und Sportwissenschaften wahrgenommen: Wenn wir unsere eigenen Naturzeiten im Zusammenspiel mit den äußeren Naturzeiten beachten, leben wir gesünder und steigert dies das Wohlbefinden und die Leistungsfähigkeit.

Zeitpolitik für Zeitwohlstand

Manches können wir individuell und im engeren sozialen Umfeld so gestalten und beeinflussen, dass dies unserer Zeitkompetenz und damit unserem Zeitwohlstand förderlich ist. Zugleich sind wir jedoch alle in starkem Maße davon abhängig, dass die Gesellschaft dem Zeitwohlstand einen hohen Stellenwert beimisst und hierfür förderliche Bedingungen schafft. Dies ist das Feld der Zeitpolitik.

Der Bereich der Arbeitszeitpolitik ist noch einigermaßen geläufig. Ladenöffnungszeiten, Feiertagsregelungen und Ferienzeiten sind ebenfalls als Beispiele für Zeitpolitik noch leicht nachvollziehbar. Die Gestaltungsaufgaben von Zeitpolitik zur Förderung der Potenziale von Zeitwohlstand sind jedoch sehr viel breiter. Dazu eine kurze Veranschaulichung an einigen wenigen Beispielen:

Automobil und Xenomobil: Auto bedeutet aus dem Griechischen kommend „selbst". Wir setzen heute selbst mobil = automobil mit dem individuell gefahrenen Kraftfahrzeug gleich. Dieses fährt aber keineswegs von „selbst". Vielmehr werden große Mengen an Erdöl als Antrieb verwendet. Dies sind fossile Energieträger, die in Jahrmillionen entstanden sind und von uns heute in wenigen Generationen verbraucht werden. Zeitpolitik bedeutet, die Regenerationszeiten der natürlichen Reproduktionszyklen zu beachten. Damit können wir unser Wirtschaften und die dafür wichtige Mobilität auf dauerhaft nutzbare, erneuerbare Energieformen überführen.[3] Damit können die Voraussetzungen für Zeitwohlstand dauerhaft gewährleistet werden.

Für das Wohlbefinden und die Gesundheit ist es wichtig, dass wir im Alltag genügend körperliche Bewegung haben. Die Empfehlung der dafür zuständigen Kommission amerikanischer Wissenschaftler lautet, dass sich gesunde Menschen möglichst täglich mindestens eine Stunde betätigen, zumindest jedoch an vier bis fünf Tagen die Woche. Raumplanung und Siedlungsstrukturen, die fußläufige und für Fahrrad geeignete Distanzen mit sicheren Wegen in einem angenehmen Ambiente gewährleisten, sind damit für unsere Körperzeiten und unseren Zeitwohlstand sehr förderlich. Angesichts der tatsächlich vorherrschenden Bedingungen ist dies ein vielversprechendes Aufgabenfeld einer den Zeitwohlstand fördernden Zeitpolitik.

Caring: Von besonderer Bedeutung ist der sehr große Bereich der Tätigkeiten, der sozialen Bezugsfelder und der Dienstleistungssektoren, in denen die persönlichen Beziehungen, Versorgung, Pflege, Heilung und Zuwendung im Mittelpunkt stehen.[4] Hier treffen vielfach recht unterschiedliche Zeitmuster,

---

3 Zur Zeitpolitik als Nachhaltigkeitspolitik vgl. ausführlich den Beitrag von Sabine Hofmeister in diesem Buch.

4 Hierzu ausführlicher die Beiträge von Christel Eckart sowie – für den Bereich der Pflege – von Irmgard Herrmann-Stojanov in diesem Buch.

etwa der von Kindern, Kranken und alten Menschen mit anderen, auf Effizienz und Schnelligkeit abzielenden Zeitmustern aufeinander. Dies ist für Zeitpolitik ein besonders anspruchsvolles Aufgabenfeld. Insbesondere auch deshalb, da auf eine Ausbalancierung der Zeiten aller Betroffenen und Akteure zu achten ist. Das Stichwort Schichtarbeit mag als Andeutung genügen. Ebenso ist der Trend umzukehren, leicht quantifizierbare, mit hohem technischen Aufwand erbrachte Dienstleistungen gegenüber zeitintensiven, Zuwendung und Aufmerksamkeit erfordernden Aufgaben zu bevorzugen. Es bedeutet auch, dass die politischen Rahmenbedingungen real partnerschaftliche Beziehungen der Geschlechter befördern.

Schulen und Bildung: Schulen hoben den Bildungsgrad der Bevölkerung nachhaltig an. Zugleich wurde damit die Uhrenzeitdisziplin der Industriegesellschaft verbreitet. Das Aufgabenfeld einer nicht ausschließlich auf starre Zeitstrukturen setzenden Bildungspolitik ist sehr groß. Die Beachtung von Rhythmen und Eigenzeiten der Kinder und Jugendlichen ist ebenso gefragt wie eine Kombination aus verlässlicher Planung und Offenheit für Kreativität und Spontaneität. Konkret bedeutet das, dass die sehr frühen Anfangszeiten der Schulen den Erkenntnissen der Chronobiologie entsprechend dringend einer Überprüfung bedürfen. Fragen der Zeiten für Pausen, Zeiten für körperliche Bewegung, Mahlzeiten und vieles mehr sind ebenso relevant wie Freiräume für Erkunden und Projekte.

Bei diesen wenigen Beispielen will ich es bewenden lassen. Wichtig ist die Grundidee, dass es eine der Aufgaben der Politik ist, für Zeitwohlstand förderliche Bedingungen zu schaffen. Dabei geht es nicht ausschließlich um die Dimensionen der Zeitdauer und des Timings, sondern um eine Vielzahl von Zeitdimensionen.[5] Und es geht insbesondere darum, nicht alles immer noch mehr temporal zu vereinheitlichen, etwa ausschließlich auf Beschleunigung auszulegen. Vielmehr ist die Unterschiedlichkeit der Menschen, sind ihre sehr verschiedenen Chronotypen und Eigenzeiten zu beachten und Bedingungen für ihre Zeitsouveränität zu fördern.

5 Dazu vgl. Lucia A. Reisch: Zeitwohlstand – Entstehungszusammenhänge eines erweiterten Verständnisses vom Ziel des Wirtschaftens. In: Jürgen P. Rinderspacher (Hrsg.): Zeitwohlstand. Ein Konzept für einen anderen Wohlstand der Nation. Berlin 2002, S. 37–57

Ulrich Mückenberger*

Lokale Zeitpolitik – ein Gespenst geht um in Europa!

Beim Umgang mit Zeit geht es einem wie mit anderen gesellschaftlichen Gegenständen, die man gern verändert sehen möchte. Man kann zu ihnen ein kritisch-analytisches Verhältnis und/oder ein intervenierend-praktisches Verhältnis einnehmen. Man kann die vorherrschende Zeitkultur, die ihr innewohnenden Beschleunigungstendenzen, ihre Menschheits- und Männlichkeitszentriertheit kritisch nachzeichnen und/oder man kann – in neuen gesellschaftlichen Bündnissen - Alternativen zu ihnen praktisch ins Werk zu setzen versuchen. Zeitpolitik will praktische Alternativen ins Werk setzen. Sie will gewiss nicht „unkritisch" sein, nein: sie will in Kenntnis und unter Berücksichtigung des kritischen Umgangs mit der Zeitkultur verändern. Aber sie will sich jedenfalls nicht mit der Kritik des herrschenden Zeitgebrauchs begnügen, gar in der kritischen Haltung dazu einrichten. Dazu ist ihr die Zeit ein zu kostbares Gut.

Mit dieser Überzeugung habe ich mich - mit anderen europäischen Freund/-innen und Kolleg/-innen - vor etwa anderthalb Jahrzehnten auf den Weg gemacht, für das Feld der lokalen Zeitpolitik konzeptionelle Konturen zu schaffen, beispielhafte Modellprojekte aufzuziehen und durchzuführen und wissenschaftliche Auswertungen vorzunehmen. Das „Lokale" ist dabei eine Begrenzung, die diskutierbar ist und bleibt. Aber praktische Zeitpolitik bedarf des Katalysators – einer Konstellation, in der falsche Zeitpraxis erfahrbar, aber zugleich als veränderbar erfahrbar ist. Im Alltag erweist sich Zeitpraxis als kritisierbar und veränderbar. Der Alltag findet im örtlichen Nahraum, lokal, statt. Was also liegt näher, als das Lokale als Feld von Zeitpolitik zu betrachten und zu behandeln? Lokale Zeitpolitik will nicht „die Zeitpolitik" sein. Aber sie ist ein wichtiges Feld, wahrscheinlich sogar ein zentrales Feld, um Zeitpolitik zu entwickeln.

---

* Rechts- und Politikwissenschaftler an der Hamburger Universität für Wirtschaft und Politik.

Ein neues Verhältnis von Alltag und Forschung

In weniger als zwei Jahrzehnten hat sich in Europa mit *„Zeiten der Stadt“* ein urbanes Gestaltungsfeld aufgetan, das sich durch viele Neuigkeiten auszeichnet. Auf kaum einem anderen Gebiet hat man so enge Verbindungen zwischen universitärer Forschung, akademisch inspirierter Aus- und Weiterbildung und engagierter Modellprojektarbeit erlebt wie hier. Die Rolle von Universitäten dabei war wichtig. Die Erforschung von Zeit, von alltäglicher Lebensführung, von Arbeit und dem Geschlechterverhältnis hat in allen europäischen Ländern ein hohes Maß an Professionalität und Ergebnisreichtum erlangt. Aber auch die Stadt- und Regionalforschung und nicht zuletzt die Gesellschaftstheorie, die sich dem menschlichen Alltag widmet, haben zu diesem neuen Feld beigetragen. Die Forschung ging sozusagen auf den konkreten urbanen Alltag zu.

Aber auch der Alltag ging auf die Forschung zu. In der gegenwärtigen gesellschaftlichen Umbruchsperiode besteht ein gewaltiger Bedarf nach „Wissen“, nach „Sinn“ und nach „Orientierung“. Ein neues Klima von „Ungewissheit“ und „Legitimationsbedarf“ ist in den Städten, den Vierteln, in den Fabriken und Schulen, den Verwaltungen und bei den Dienstleistern entstanden, das alte Routinen in Frage stellt und neue Haltungen und Offenheiten provoziert. Das ist offenbar eine allgemeine europäische Erscheinung. Die „Entscheider/-innen“ in Wirtschaft und Politik kommen längst nicht mehr mit ihren Kenntnissen und Machtvollkommenheiten aus – sie müssen „Rat holen“ bei denen, für die sie arbeiten (bei Bürger/-innen, Kund/-innen, Interessent/-innen). Die Bürger/-innen aber – die selbst der Individualisierung, den „Bastel-“ und Experimentierbiographien, dem lebenslangen Umlernen und Neubeginnen unterliegen – verlangen Rechenschaft von denen, die über ihre Zeit und ihren Alltag verfügen. Sie verlangen, gehört zu werden, wenn (und bevor!) entschieden wird. Für sie zählen nicht mehr Autorität, sondern Wissen und Begründung.

Zeiten der Stadt drückt einen in dieser Form neuartigen Wunsch nach Synthese von Wissen und Alltag aus. Einerseits sind die konkreten Umstände des Alltags (und damit die Zeit) wichtiger geworden – wie und wann werden Kinder öffentlich betreut?, welche Mobilität bietet das Territorium seinen Bewohner/-innen (und Gästen)?, wie und wann sind Güter und vor allem öffentliche und private Dienstleistungen zugänglich?, wie sicher und „begehbar“ ist die Stadt zu welchen Zeiten und für wen?, wie weit ist überhaupt der öffentliche Raum „unser öffentlicher Raum“? –; sie werden nicht mehr als selbstverständlich und „gegeben“ vorausgesetzt. Andererseits ist der öffentliche Raum ohne Mitwirkung der Beteiligten, der „Stakeholder", nicht mehr gestaltbar. Zu vielfältig, zu differenziert sind die Bedürfnisse, als dass darüber noch uniform und nach „Ordre de mufti" entschieden werden könnte (und dürfte).

Neue Akteurskonstellationen

So sind denn auch bei *Zeiten der Stadt* neue Synthesen zwischen Wissen und Alltag, zwischen Wissenschaft und Politik des örtlichen Nahraumes entstanden. In allen uns bekannten Ländern sind neue Akteure in das territoriale Geschehen hinzugetreten, sind neue Akteurskonstellationen entstanden. Nehmen wir ein Beispiel aus der Emilia Romagna, aus Modena. Dort wurde im Mai 1994 ein „Mobilitätspakt" geschlossen, der ein ganzes Bündel alltagsrelevanter Transportfragen der Stadt und des Umlandes regelte. An diesem Pakt waren (neben Stadt und Region) um dreißig Assoziationen beteiligt – von den Verkehrsbetrieben, Taxifahrervereinigungen, Nutzervereinigungen bis zu allen Gewerkschaften. Der Mobilitätspakt war ein neues zivilgesellschaftliches Instrument, um ein Anliegen von öffentlichem Interesse im Sinne aller Betroffenen mit ihnen zusammen neu zu regeln. Er war Ausdruck einer neuen Governance – die sich nicht im bürokratischen „Schulterschluss" zwischen Wirtschaft und Politik erschöpfte, sondern die aus dem neuen interaktiven Triangel von Zivilgesellschaft, Wirtschaft und Politik bestand, die sich einer für Alle verständlichen Sprache bediente und die zu neuen Formen der Verständigung – eben des zivilgesellschaftlichen Paktes – führte.

Ein europäischer Lernprozess

Italien war (und ist) auf dem Gebiet der *Zeiten der Stadt* führend. Das Auftauchen neuer Governance-Formen kann man aber überall in Europa beobachten. In Deutschland und Frankreich haben sie sich eher auf den Gebieten der Staats- und Verwaltungsmodernisierung und der Modernisierung der industriellen Beziehungen gezeigt. Einhergegangen mit dieser gemeineuropäischen Entwicklung ist ein Aufschwung des Austausches und der Kommunikation zwischen europäischen Ländern. Wir finden dies bei *Zeiten der Stadt* besonders ausgeprägt.

Dieses Feld hatte sich zunächst im italienischen akademischen Milieu und in der Frauenbewegung – auch der gewerkschaftlichen und politischen – herausgebildet. Warum es gerade in Italien begann, kann man vorerst nur mutmaßen: es mag mit spezifischen Orientierungen der italienischen Frauenbewegung (keine Verbreitung der Teilzeitarbeit; kein „nordisches“ Modell der Rollenverteilung von Männern und Frauen etwa in der Kinderbetreuung) ebenso wie mit besonderem Modernisierungsbedarf der italienischen Verwaltung zusammenhängen. Interessant ist, wie dieser Zeiten-Ansatz allmählich Resonanz fand in Mittel- und Nordeuropa. Es gab zahlreiche Expert/-innenbesuche und Delegationsreisen. In Deutschland z. B. wurde 1992 der italienische Gesetzentwurf „Le donne cambiano il tempo“ („Die Frauen verändern die Zeiten“) vollständig übersetzt und veröffentlicht (Kritische Justiz 1992). Gleichzeitig wurde eine Delegation von je einem/-r Wissenschaftler/-in und einer Politikerin aus Modena und Mailand zu den Landesregierungen von Bremen und von Hamburg eingeladen, um das Zeitgestaltungsmodell zu erläutern. Einige Zeit nach diesem Besuch wurde in Bremen das Forum „Zeiten der Stadt“ gegründet, von dem alle Bremer zeitpolitischen Gestaltungsprojekte ausgingen, und in Hamburg fand das erste deutsche *Zeiten der Stadt*-Projekt in einem Stadtteil mit 110.000 Einwohner/innen statt. Von da an verselbständigten sich die deutschen Initiativen von den italienischen Wurzeln, um sich aber ab 1995 im Rahmen der eines europäischen Projektes („Eurexcter“) wieder mit den italienischen Ansätzen zu verbinden und zu einem systematischen Erfahrungs- und Forschungsaustausch zusammenzutun.

Ähnlich vollzog sich die französische Entwicklung. Auch die niederländische Entwicklung begann mit einer Erkundungsstudie in Deutschland und Italien (Breedveld et al. 1997), setzte sich dann fort in der Aktivität der nationalen Kommission zur Tageszeitgestaltung und des durch sie beförderten großangelegten Projektförderprogrammes - immerhin gibt es dort über hundert nationalstaatlich geförderte Einzelprojekte kommunaler Zeitgestaltung! Auch in Holland betreibt man heute Verknüpfungen mit französischen und deutschen Vorhaben und Städten (Dijst et al. 2001; Mol 2002).

Längst ist in Italien die Entwicklung weitergegangen. Es verging ein Jahrzehnt einer Experimentierphase, die durch das Kommunalreformgesetz von 1990 ermöglicht worden war und aufgrund derer in 60 bis 80 Städten Zeitbüros oder andere zeitpolitische Projekte aufgebaut worden sind. Fortschritte wurden dort vor allem erzielt auf dem Gebiet der Chronotopenforschung und der zeitbezogenen elektronischen Kartographie.

Der „Quantensprung“ gelang im Jahre 2000 – am symbolischen 8. März - derselben Livia Turco, die Ende der 80er Jahre maßgeblich den Gesetzentwurf „Die Frauen verändern die Zeiten“ verfasst hatte. Sie konnte, nunmehr als Ministerin, dieses Gesetz verabschieden lassen. Es verpflichtet die italienischen Städte zur Errichtung von Zeitbüros und zur Einführung sog. Zeitleitpläne. Vor allem sieht es vor, dass die Regionen zeitpolitische Projekte mit finanziellen Anreizen fördern können. Dazu müssen die Regionen entsprechende Umsetzungsgesetze schaffen. So entbrennt jetzt in den Regionen der Streit um Zeitpolitik, Anreizsysteme, Qualitätskriterien für gute Projektpraxis usw.

Ein „flüchtiger" Grundzug

Von einem so entwickelten System sind die Zeitpolitiken in den anderen europäischen Ländern noch weit entfernt. Bei ihnen handelt es sich durchweg um einzelne Modellprojekte. In Deutschland sind diese eher zivilgesellschaftlich inspiriert – oft mit geschlechterpolitischer Akteurskonstellation und Zielrichtung. Allmählich gewinnen die Städtevereinigungen und die großen Gewerkschaften Interesse an der Thematik – was die Stabilisierungsaussichten stärkt. In Frankreich beruhen die Projekte eher auf politischen Entscheidungen – was ihnen schnellen Auftrieb gibt, sie aber auch sehr von politischen Majoritäten abhängig macht. Einen klaren Top-down-Ansatz verfolgte das holländische Programm – aber ihm gesellten sich allmählich Graswurzelinitiativen (etwa in Amersfoort) bei.

Insgesamt weisen die zeitpolitischen Projekte einen „flüchtigen" Grundzug auf. Ihre Planung und Implementierung folgen selten einem linearen „ordentlichen" Verlauf. Reine Top-down-Strategien scheitern meistens ebenso wie rein Bottom-up-Strategien. Oft entstehen andere Projekt als ursprünglich geplant. Manche Projekte scheitern an unüberwindlichen Hindernissen. Andere entstehen wider alle Voraussicht und Wahrscheinlichkeit. *Zeiten der Stadt* verfügt bis heute nicht über eine „Gewissheit" und Verlässlichkeit, die präzise Aussagen oder gar Voraussagen über Zustand und Perspektiven erlaubt.

Das ist in gewisser Hinsicht bei diesem Politikfeld völlig normal. *Zeiten der Stadt* steht quer zu den liebgewordenen Routinen von Ökonomie und Politik. Diese müssen nicht nur akzeptieren, untereinander – statt zu konkurrieren – nunmehr netz- und projektförmig kooperieren. Sie müssen sich auch noch auf Beteiligungsprozesse mit den „Stakeholdern" (Bürger/-innen, Eltern, Anwohner/-innen usw.), um deren Alltagszeit es schließlich geht, einlassen. Die fordistische Kultur strikter Arbeitsteilung sitzt aber noch so tief in den Einstellungen und Organisationsroutinen, dass ein solcher neuer Ansatz oft Angst und Abwehr hervorruft. Auch bei Bürger/-innen und Vertreter/-innen der

Zivilgesellschaft klafft zwischen Beteiligungsrhetorik und tatsächlicher Beteiligungskapazität (-fähigkeit und -bereitschaft) oft eine große Kluft. Aber alle aktuelle Gesellschaftstheorien, selbst die moderne Managementlehre, sagen uns heute, dass wir in einer Gesellschaft der Ungewissheiten leben und ganz neue Orientierungs- und Vernetzungsaktivitäten lernen und unternehmen müssen. Deshalb ist das, was *Zeiten der Stadt* uns neu abverlangt, keineswegs exzeptionell und wohl völlig unvermeidlich.

Auf dem Wege zu einem verlässlichen, aber zugleich lernfähigen „State of the art"?

So wird denn auch daran gearbeitet, gewisse neue interdisziplinäre Methoden und – wenn man so will – „Routinen" innerhalb der kommunalen Zeitpolitik aufzubauen. Auch hier spielt die Wissenschaft wieder eine herausragende Rolle. Die wissenschaftliche Analyse städtischer Zeitkonflikte und ihrer Lösung blickt auf eine wenig öffentlich wahrgenommene Erfahrung zurück. Sie knüpfte an die „time geography"-Ansätze der Hägerstrand-Schule (Lund 50er und 60er Jahre) an, ging über deren deskriptive Methodologie hinaus und entwickelte ein handlungspraktisches Paradigma. In Italien hat die akademische Beschäftigung mit „tempi della città" Mitte der achtziger Jahre begonnen (C. Belloni, A. Chiesi, S. Bonfiglioli). In Deutschland wurden zu dieser Zeit am Deutschen Institut für Urbanistik erste zeitbezogene stadtsoziologische Untersuchungen durchgeführt (D. Henckel). In Frankreich ist der Zusammenhang stark im Kontext der Arbeitszeitentwicklung analysiert worden (J.-Y. Boulin).

Das Forschungsfeld beschäftigt sich mit der gesellschaftlichen Bewältigung von „Zeitkonflikten", die vornehmlich im urbanen Raum auftreten und die heute zunehmende wissenschaftliche und praktische Aufmerksamkeit finden. Als Gegenstandsbereiche der Analyse und Schlichtung lokaler Zeitkonflikte haben sich etabliert: die Koordination von Schul- und Betreuungszeiten; die Koordination von Arbeits-, Transport- und sozialen Zeiten; die Revitalisierung von Zentren und Subzentren durch bewusste Gestaltung und Koordination von Öffnungszeiten; die Abstimmung von Behördenzeiten und -dienstleistungen untereinander und mit Nutzerbedürfnissen; die Hebung der Zugänglichkeit bestimmter urbaner Räume in den Abend- oder Nachtstunden; die Nutzungsmischung zur Vermeidung ungewollter Mobilität; die Synchronisation oder De-Synchronisation von Mobilitätsflüssen, um unerwünschte Nebenfolgen (Staus, Warteschlangen etc.) zu vermeiden.

Die Gestaltungsfelder erscheinen im Einzelnen wenig originell. In ihrem Zusammenhang überschreitet ihre Analyse aber die Kompetenzen einzelner wissenschaftlicher Disziplinen; ihre Bewältigung erfordert neuartige Maßstäbe und Instrumente des Akteurhandelns sowie eine neue Kultur der Kooperation und Beteiligung. Als gesicherter wissenschaftlicher Erkenntnisstand kann gelten, dass Zeitkonflikte sich vornehmlich zwischen „Zeitanbietern" (etwa städtischen Akteuren, die zu einer bestimmten Zeit in bestimmter Frequenz Dienstleistungen – wie z. B. Personentransport - anbieten) und „Zeitnachfragern" (also Akteuren, die auf diese Dienstleistungen angewiesen sind – z. B. sich zu bestimmten Zeiten befördern lassen wollen/müssen) abspielen. Sie spielen sich aber auch zwischen Zeitanbietern (etwa zwischen Transport- und sonstigen Unternehmen, zwischen großen und kleinen Einzelhändlern) und zwischen Zeitnachfragern (z. B. unterschiedliche Arbeits- und Freizeitpräferenzen) ab. Oft spielen sie sich sogar in ein und derselben Person ab (z. B. Verkäufer/innen, die außerhalb ihrer Arbeitszeit auch Kund/innen sind).

Die Konstitutionselemente des Forschungsfeldes Lokale Zeitforschung und Zeitpolitik sind Fragestellungen, Methodologien und Ergebnisse der Urbanistik, der Stadt- und Geschlechtersoziologie, des Arbeits- und des Raumordnungsrechts, der Stadt- und Regionalökonomie sowie der lokalen und europäischen Politikforschung. Dem innovativen Charakter des Forschungsfeldes entsprechend zeichnet sich eine neue akademische Disziplin der Zeitpolitiken ab – wiederum zunächst in Italien, aber auch in Deutschland. Am Polytechnikum Mailand wurde im Herbst 2001 ein grundständiger laurea-Studiengang, der lokales Mobilitätsmanagement und lokale Zeitpolitiken einschließt, eröffnet. Das an der Hamburger Universität für Wirtschaft und Politik im Herbst 2001 begonnene Master-Programm European Studies enthält ein Modul „Kommunale Zeitpolitik in Europa". Ähnliches wird an der Université Belfort im Rahmen eines Praktikerstudiums geplant. Damit entsteht ein neuer akademischer Bedarf an theoretisch und didaktisch aufbereitetem Zugang zu der neuen interdisziplinären Materie. Diesen soll ein erstes europäisches Lehrbuch *Zeiten der Stadt* abdecken, das ich derzeit mit Sandra Bonfiglioli und Jean-Yves Boulin erarbeite.

Strukturierungstheoretischer Kontext von *Zeiten der Stadt*

Letztlich wird ein Politikfeld wie *Zeiten der Stadt* – wie moderne Politik überhaupt – zu einem Rationalitätsmodell fordistischer Prägung kaum zurückkehren können. In einer Umbruchsphase zur Wissensgesellschaft können nur Politikkonzepte bestehen, die sich strukturierungstheoretisch ausweisen und legitimieren können. Nach der Strukturierungstheorie von A. Giddens (1984) können gesellschaftliche Prozesse heute weder als einseitig objektiv (das materialistische Paradigma und die Systemtheorie) noch als einseitig subjektiv determiniert (das idealistische Paradigma und die Handlungstheorie) begriffen werden. Sie können zulänglich nur als in einem Wechselverhältnis zwischen Objektivem und Subjektivem sich strukturierend erfasst, analysiert und beeinflusst werden. Wichtig ist schließlich der Einfluss der neueren Forschungen über Zivilgesellschaft. Die Akteure/-innen in Alltag und Lebenswelt werden – wie schon bei Giddens - nicht länger als nur passiv-duldend, sondern als in einem Prozess der Akteursfigurierung und Institutionenbildung begriffen verstanden. Die „Zivilgesellschaft" wird zum lebensweltlichen Akteur und Akteursbündel in Gestalt nicht-staatlicher Organisationen und vergleichbarer intermediärer Instanzen, die zeitpolitischen Anliegen und Forderungen Resonanz und Durchschlagskraft verschaffen können.

System und Lebenswelt, Systemintegration und Sozialintegration werden – ungeachtet aller globalen Verursachungszusammenhänge - konkret erfahr- und überprüfbar auf der Ebene der alltäglichen Lebensführung im nahräumlichen Bereich. Dort treten Vereinbarkeitsfragen und –konflikte auf, dort werden sie bewältigt oder nicht bewältigt. Bei Lichte besehen erweisen sich denn auch alle „Zeitkonflikte" als Symptome oder Brennpunkte der neuen Konfiguration des Zusammentreffens von System- und Sozialintegration im gesellschaftlichen Nahraum: ob man an die Befunde zur Zersplitterung und Fremdbestimmung der Zeitstrukturen des Alltages, an die Vereinbarkeit oder Unvereinbarkeit erwerblicher und familiärer Zeitstrukturen denkt, ob man den heute beschriebenen Phänomen der „Entgrenzung" von Arbeit und der Verrückung der Grenzlinien zwischen Arbeits- und sozialen Zeiten nachgeht – überall ist man im Kern mit den beschriebenen Integrationsmodi und ihren Medien konfrontiert.

Ein „Recht auf eigene Zeit"?

Nicht zufällig setzt denn auch hier die Notwendigkeit der Neuordnung von Zeitregimes, von Arbeits-, sozialen und städtischen Zeiten an. *Zeiten der Stadt* hat Verbindungen zu der neueren Governance-Debatte. Diese ist insbesondere von Beobachtungen der „Unregierbarkeit", der Europäisierung und Globalisierung wie auch der Lokalisierung und Individualisierung ausgelöst worden. An ihr sind relevante politische Instanzen – wie die Europäische Kommission oder die Weltbank -, andererseits Theoretiker von Globalisierung, Regionalisierung und der Zivilgesellschaft (etwa Cohen/Arato) beteiligt.

Der hier interessierende gemeinsame Befund ist so einfach wie durchschlagend. Zu verzeichnen sind einerseits die Schwächung überkommener Regulie-rungszentren und ihrer Akteursspektren (vorrangig der Nationalstaaten mitsamt dem Parteien- und Parlamentsgefüge), andererseits die Herausbildung und Stärkung neuartiger Governance-Zentren (etwa supranationaler und subnationaler Gebiete und Institutionen) und mit ihnen verbundener Akteurskonstellationen (neuer nicht-staatlicher Akteure und Akteurskonstellationen auf über- und innerstaatlicher Ebene). Zu den eindeutigen „Governance-Gewinnern" – wenngleich das Verhältnis zum Überstaatlichen, Globalen nicht spannungsfrei und theoretisch noch wenig erhellt ist – gehört das Lokale/Regionale. Nahräumliche Fragen der Alltagsbewältigung und Fragen der normativen Horizonte, der Perspektiven, der Akteure und Arenen sowie der Rechte und Instrumente zu ihrer Lösung gewinnen für Politiken – und zwar in Gestalt von polity, policies und politics - zunehmende Bedeutung. Dies ist eine nicht unwichtige Kontextbedingung für den Umgang mit zeitbezogenen Konflikten im nahräumlichen Bereich – möglicherweise sogar der entscheidende Grund dafür, warum lokale Zeitpolitik als neuartiges Governance-Phänomen hat aufkommen können.

Heute finden sich auch auf subnationaler Ebene Autonomien neuer Gebietseinheiten und Beteiligungsrechte neuer Akteure und Akteurskonstellationen. Dem könnte perspektivisch auf zeitpolitischer Ebene - wie in Italien schon heute obligatorisch – allgemein die Einrichtung einer örtlichen Zeitleitplanung und entsprechender implementierender Institutionen entsprechen. Sollte sich in Europa nicht auch ein neues Konzept eines Stadtbürgerrechts mit einem „Recht auf eigene Zeit" (Francois Ost) und seiner Repräsentation auch im nahräumlichen Bereich herausbilden?

Details und Referenzen zu diesem Essay können nachgelesen werden in: Boulin, J.-Y. und Mückenberger, U., 1999: Times of the city and quality of life, Brüssel: BEST 1/1999; Eberling, M./Henckel, D., 1998: Kommunale Zeitpolitik. Veränderungen von Zeitstrukturen – Handlungsoptionen der Kommunen, Berlin: sigma; Mückenberger, U. (Hg.), 1998/2000 : Zeiten der Stadt, 1. Aufl. 1998, 2. Aufl. 2000, Bremen: Temmen; Mückenberger, U. (Hg.), 2001: Bessere Zeiten für die Stadt. Schriftenreihe der Hamburger Universität für Wirtschaft und Politik, Band 9, Opladen: Leske + Budrich; Boulin, J.-Y./ Mückenberger, U., 2002: La ville à mille temps, Paris: éd. de l'Aube; Mückenberger, U., 2003: Metronome des Alltags, Berlin: sigma (i. Ersch.).

Helga Zeiher*

Zeit für Kinder – Zeit der Kinder.

In Deutschland ist es bekanntlich für viele Eltern mit kleinen Kindern sehr schwierig, Arbeitszeit und Familienzeit auf die Reihe zu bringen. Wenn in der Schule nur vormittags unterrichtet wird, wenn in den Schulferien Kinder betreut werden müssen, wenn es zu wenig Plätze für ganztägige Kinderbetreuung gibt, sind elterliche Arbeitszeiten und elterlicher Zeitbedarf für Kinder oft nicht synchronisierbar. Solche elterlichen Zeitkonflikte werden in vielen Fällen noch prekärer durch die Entgrenzung und Deregulierungen von Arbeitszeiten, wie sie gegenwärtig zunehmend zu beobachten sind. In den wichtigsten Institutionen moderner Kindheit, in Familien sowie im Betreuungs- und im Bildungswesen fehlt es an Zeit für Kinder, sowohl an Menge der Zeit als auch Zeiten, die zwischen diesen beiden Instanzen koordinierbar sind. Die zweifache Kinderarmut in unserem Land – geringe Geburtenzahlen und hohe relative Armut der Bevölkerungsgruppe Kinder – ist letztlich eine Folge davon. Denn manche jungen Erwachsenen verzichten auf Kinder, weil sie sich nicht zutrauen, Erwerbs- und Sorgearbeit zu verbinden, und manche junge Eltern, Mütter vor allem, verzichten auf einen Teil des Erwerbseinkommens, weil sie die Zeit für ihre Kinder brauchen.

In den Debatten erscheinen Kinder als Auslöser von Zeitproblemen ihrer Eltern. Was aber bedeuten die Arten und Weisen, wie Eltern die Betreuung ihrer Kinder organisieren und was bedeuten die Zeiten der Betreuungsinstitutionen und der Schulen für die Zeit der Kinder? Wie verläuft Alltagszeit der Kinder, wenn ihre Eltern die eine oder andere Arbeitszeit-Betreuungszeit-Familienzeit-Lösung finden? Bislang gibt es noch kaum Forschungen darüber, wie die Alltagszeit von Kindern beschaffen ist, wenn beide Eltern oder ein alleinstehender Elternteil zu flexiblen, deregulierten Zeiten arbeitet. Die Abläufe des Kinderalltags können dann sehr einfach sein, etwa wenn es Mutter und Vater gelingt, zeitversetzt zu arbeiten, so dass immer ein Elternteil zu Hause sein kann. Häufig sind die Tages- und Wochenabläufe heutiger Kinder jedoch sehr komplex zusammengesetzt; viele verschiedenartige Akti-

* Sozialwissenschaftlerin in Berlin.

vitäten, Personen, Situationen und Orte wechseln. Insgesamt haben wir es aber mit einer Tendenz zu mehr Vielfalt der außerschulischen Alltagsabläufe in der Kindheit zu tun, sowohl Vielfalt innerhalb individueller Leben als auch Vielfalt unter verschiedenen Kindern.

Was für Zeitinteressen haben Kinder?

Was bedeutet es für die Lebensqualität von Kindern, wenn ein Kind nach einem komplexen Zeitplan nacheinander an verschiedenen Stellen betreut wird, wenn ein Kind acht oder neun Stunden in der Tagesstätte verbringt, wenn Eltern es auf allen täglichen Wegen mitschleppen müssen? Dazu müssten wir zuerst einmal wissen: Was für Zeitverhältnisse machen Lebensqualität der Kinder aus? Welche Zeitbedürfnisse und zeitbezogenen Interessen haben Kinder?

Das wissen am besten die Erwachsenen, so ist die vorherrschende Meinung. Wohlfahrtsstaatliche Instanzen, beraten durch Pädagogik und Entwicklungspsychologie sowie Eltern handeln für Kinder in deren „wohlverstandenem Interesse". Eine andere vorherrschende Meinung ist, dass Kinder von Natur aus, ihrer Natur wegen, bestimmte Bedürfnisse an die Zeit Erwachsener und an den Umgang mit Zeit hätten. Zweifellos gibt es einen Bestand an Erfahrungs- und Forschungswissen über Bedürfnisse und Fähigkeiten von Kindern in verschiedenen Lebensaltern. Aber ebenso unbestreitbar ist, dass die anthropologischen Besonderheiten der Kinder in einer jeden Gesellschaft auf eine dieser Gesellschaft eigene Weise wahrgenommen und definiert werden. Diese besondere Wahrnehmung kommt in der Art der Institutionen und der materiellen Ausstattung für Kinder sowie in den vorherrschenden Erziehungszielen zum Ausdruck; sie erscheint also immer in gesellschaftlich bearbeiteter Form. Auch Zeitbedürfnisse, die wir bei Kindern vermuten oder feststellen, gehen nicht unmittelbar aus „der Natur des Kindes" hervor, sondern sind durch die Vorstellungen und die Handlungsweisen der Erwachsenen und durch die Situationen, die das Kind bereits erfahren hat, gesellschaftlich geformte Natur.

Am Wechsel der Vorstellungen über Zeitbedürfnisse von Kindern in den letzten Jahrzehnten sei dies kurz demonstriert [1]:

1 ausführlicher dazu Zeiher, Helga: Wohlstand an Zeit und Raum für Kinder? In: Dietrich Henckel & Matthias Eberling (Hrsg.): Raumzeitpolitik. Opladen 2002: Leske + Budrich, S. 265-286.

- Bis vor knapp vierzig Jahren herrschte die Überzeugung, dass Kinder feste Alltagsrhythmen, insbesondere eine strikte Zeitordnung für Essen und Schlafen brauchten. So wurden Kinder von Geburt an an das fordistische Zeitregime des Industriezeitalters gewöhnt, dem sie dann in der Schule sehr viel stärker als zu Hause unterworfen wurden.
- In den späten 60er Jahren, als der Dienstleistungssektor rasch wuchs und in vielen Lebensbereichen Individualisierungsprozesse tradierte Normierungen der Lebens- und Alltagsabläufe der Menschen außer Kraft setzten, glaubte man das Gegenteil: Kinder könnten und sollten ihre Zeit selbst regulieren, ohne Eingriffe von außen. Selbstbestimmung der Kinder im Alltag wurde zum höchst bewerteten Erziehungsziel. Dieses war aber nicht nur am Wohl des Kindes orientiert. Denn auch die selbständiger werdenden Mütter brauchten selbständigere Kinder; Kinder wurden mit neuartigen Ansprüchen an das Umgehen mit Zeit konfrontiert.
- In den 70er Jahren, als Erwerbstätigkeit von Müttern zunehmend als wichtig galt, kam die Idee der „Qualitätszeit“ auf. Eine tägliche kurze Phase intensiver Zuwendung sei mehr wert für das Kind als das ständige Zuhausesein der Mutter in der Ernährer-Hausfrau-Familie – ein Argument, das auch dazu diente, erwerbstätigen Müttern das schlechte Gewissen zu nehmen.
- Ein weiterer Wandel ist in jüngster Zeit zu beobachten. Trotz Selbständigkeitsziel war bis vor kurzem im westlichen Deutschland der bürgerliche Entwurf des höchst sensiblen, eigentlich der ständigen mütterlichen Sorge bedürftigen Kindes vorherrschend. Seit Beginn der 90er Jahre verbreitet sich nun aber eine andere Sicht: Eltern-Ratgeberliteratur und Presse zeichnen das Bild vom „robusten“ Kind, das nahezu jedes Betreuungsarrangement verkraften kann. Eltern sollen sich nicht nur dem Kind anpassen, sie sollen sich auch wehren gegen den „kleinen Tyrann“ Kind.

Erwachsene passen also nicht nur den eigenen Alltag an Bedürfnisse von Kinder an, sie definieren zugleich Kinderbedürfnisse so, dass solche Anpassung möglich ist, und dass sie selbst dabei kein allzu schlechtes Gewissen den Kindern gegenüber haben. Mit anderen Worten: In die gesellschaftlich vorherrschenden Vorstellungen, was gut für Kinder sei, wirken die jeweiligen Arbeitsteilungen zwischen den Eltern und die jeweiligen Arbeitszeitverhältnisse in der Wirtschaft hinein.

Der andere Weg, etwas über die Zeitbedürfnisse von Kindern zu erfahren, könnte sein, die Kinder selbst zu fragen. Das liegt nahe, doch lange Zeit ist kaum jemand darauf gekommen. Denn Kinder sind ja unmündig. Kinder sind die Bevölkerungsgruppe, die im historischen Verlauf die letzten waren, nach den Frauen, denen auf gesellschaftlicher Ebene das Recht auf Akzeptanz als Individuum, auf Personentfaltung und Selbstbestimmung, zugesprochen wurde. Das geschah zunächst in den persönlichen Beziehungen zu Erwachsenen und seit gut einem Jahrzehnt auch in der Rechtspraxis. Heute setzen sich Sozialwissenschaftler und Politiker dafür ein, Kinder als eigenständige Bevölkerungsgruppe ernst zu nehmen. Soziologen beobachten und befragen Kinder. Es gibt bereits einige wenige Untersuchungen der zeitlichen Verhaltensweisen und der Zeitinteressen von Kindern, vor allem von Kindern im mittleren Kindesalter. Daraus einige Ergebnisse, verkürzt und vereinfacht:

- Kindern ist Offenheit ihrer Zeit sehr wichtig, sie wollen ihre Zeit selbst einteilen können. Zeit in Institutionen ist mehr oder weniger reglementierte Zeit. Kinder nehmen das hin, wenn es sein muss, aber sie bevorzugen institutionelle Angebote mit offener Zeit.[2]
- Kinder schätzen es, wenn Eltern sich ihnen ganz zuwenden, und sie fordern das auch ein. Zu Hause wünschen sie sich aber nicht nur „Qualitätszeit". Sie möchten auch, dass die Eltern im Hintergrund da sind, Situationen, in denen bei gemeinsamer Anwesenheit mit den Eltern in der Wohnung im Fluss der Alltagstätigkeiten Unabhängigkeit und Zusammensein wechseln.[3]
- Befragte Kinder wünschen sich weniger Zeit von ihren Müttern, als die ebenfalls befragten Mütter – schlechten Gewissens gegenüber dem Kind – sich Zeit für das Kind wünschten.[4]
- Kinder schätzen es, zeitweise auf sich selbst gestellt zu sein. Sie können das oft früher, als die Eltern glauben.[5]

---

2 z. B. Zeiher, Hartmut J. & Zeiher, Helga: Orte und Zeiten der Kinder. Soziales Leben im Alltag von Großstadtkindern. Weinheim und München 1994: Juventa.

3 z. B. Christensen, Pia, James, Allison & Jenks, Chris: Home and movement: children constructing „family time". In: Holloway, Sarah L. & Valentine, Gil (Hrsg.): Children's geographies. Playing, living, learning. London und New York 2000: Routledge, S. 139-155.

4 z. B. Galinsky, Ellen: Ask the children. What America's children really think about working parents. New York 1999: William Morrow.

5 z. B. Solberg, Anne: Negotiating Childhood: Changing Constructions of Age for Norwegian Children. In: Allison James & Alan Prout (Hrsg.): Constructing and Reconstructing Childhood. Contemporary Issues in the Sociological Study of Childhood. Basingstoke, UK 1990: Falmer Press, S. 118-137.

Zeitpolitik auch für Kinder!

In arbeitszeitpolitische und bildungspolitische Prozesse werden Interessen der Kinder bislang kaum eingebracht, obwohl es dabei um Zeitstrukturen geht, die Kinder sehr erheblich betreffen. Die beteiligten Instanzen erzeugen die Zeitstrukturen aus ihren je eigenen Funktionslogiken. Die Organisation von Arbeitszeit folgt vor allem wirtschaftlichen Effizienzkriterien. Die Organisation der Schulzeiten folgt historisch gewachsenen Gewohnheiten der Behandlung von Kindergruppen und den Arbeitszeitmustern der Betreuer und Lehrer, und wird mit obrigkeitlicher Macht durchgesetzt. Zeitliche Anforderungen aus beiden Bereichen in das Familienleben einzubauen und die eigene Zeit mit der Zeit der Kinder zu organisieren, bleibt den Balancekünsten der Eltern überlassen. Zwar werden die Konflikte zwischen Zeiten von Wirtschaft und Kinderinstitutionen, mit denen Eltern umgehen müssen, heute zunehmend auch politisch verhandelt. Es geht dabei jedoch immer um die Möglichkeiten und Interessen der Eltern: auf der einen Seite geht es um familienfreundlichere Arbeitszeiten und auf der anderen Seite um Öffnungszeiten von Schulen und Betreuungseinrichtungen, die Rücksicht auf elterliche Arbeitszeiten nehmen – von der „verlässlichen" Grundschule bis zur Ganztagsschule. Kinderinteressen gelten als in den Interessen der Eltern aufgehoben; Kinder werden sozialpolitisch als eingebettet in die Familie behandelt, in einer passiven Rolle als zu Versorgende und zu Betreuende, nicht aber auch als Bevölkerungsgruppe mit einem eigenständigem Alltagsleben im Hier und Jetzt. Ihre Bedürfnisse und Interessen zu vertreten, wird traditionell den Eltern überlassen. Eltern sind jedoch oft schon damit überfordert, in ihrem eigenen Leben die nötige „Balance" zwischen Berufszeit und Familienzeit zu schaffen. So kommt es, dass – wie Mierendorff und Olk kritisch formulieren[6] – „Maßnahmen und Programme mit bezug auf die Lebenslagen und Lebenschancen von Kindern legitimiert, aber tatsächlich zur Durchsetzung der Interessen anderer Bevölkerungsgruppen realisiert werden. Damit sind sozialpolitische Leistungen für Kinder häufig nicht durch die Intention geprägt und motiviert, dic aktuelle Lebenssituation und die Wohlfahrt von Kindern im 'Hier und Jetzt' zu verbessern, sondern sie zielen vielmehr teils auf die Bedienung konkurrierender Gruppen im Sozialstaat – wie z. B.

6 Mierendorff, Johanna und Olk, Thomas: Kinderwohlfahrtspolitik in Deutschland. In: Renate Kränzl-Nagl, Johanna Mierendorff, und Thomas Olk (Hrsg.): Kindheit im Wohlfahrtsstaat. Gesellschaftliche und politische Herausforderungen. Frankfurt am Main 2003: Campus.

der Frauen – oder aber auf allgemeine, in der Zukunft liegende gesellschaftliche Ziele – wie beispielsweise den Erhalt von Humankapital durch die Investition in die Bildung von Kindern".

Zeitpolitik könnte hier dafür sorgen, dass Aushandlungsprozesse stattfinden, in denen die Zeitbedürfnisse und Zeitinteressen aller Betroffenen wichtig genommen werden und zur Geltung kommen. Arbeitszeitpolitik, Frauenpolitik, Bildungspolitik und eben auch Kindheitspolitik sollten aufeinander bezogen werden. Zeit ist ein besonders geeigneter Ansatzpunkt für solche Politik, weil in den Prozessen des Alltagslebens der Menschen, in ihrer Alltagszeit, die Zeitstrukturen aller Lebensbereiche aufeinander abgestimmt werden. Durch Zeitpolitik können Optionen auf gesellschaftlicher Ebene geschaffen werden, damit es dann auf privater Ebene besser gelingen kann, diese zu Zeitmustern des Alltagslebens zu verknüpfen. Arbeitszeitoptionen wie auch Zeitoptionen für Bildung und Betreuung sollten allen Seiten gerecht werden, den Lebensbedürfnissen und eigenen Lebensplänen beider Eltern wie auch den Bedürfnissen und Interessen von Kindern. Ein Beispiel: Wenn jetzt Ganztagsschulen vermehrt eingerichtet werden, geschieht das zweifellos unmittelbar im Interesse von Müttern an Erwerbstätigkeit, weil diese das wollen und/oder weil sie ökonomisch dazu gezwungen sind. Selbst wenn Kinder ihre Nachmittage lieber woanders verbringen würden, wird sich aus diesem und aus anderen Gründen eine weitere Institutionalisierung ihrer nachmittäglichen Aktivitäten kaum vermeiden lassen. Kinderinteressen wären aber einzubringen, wenn es um die Art und Weise geht, wie ihr Leben in solchen Zusammenhängen nachmittags ablaufen soll. Dabei geht es nicht allein um die Dauer und die Lage der Zeiten im Tageslauf, die Kinder etwa in Ganztagsschulen verbringen. Ihre Lebensqualität ist erheblich davon betroffen, wie dort ihre Zeit strukturiert und kontrolliert ist. Gegenwärtig wird über Qualitätsverbesserungen in Erziehung und Unterricht nachgedacht. Dabei sollte nicht zuletzt der Zeitaspekt des täglichen Geschehens bewusst neu angegangen werden. Reformen sollten auch den Interessen der Kinder Realisationschancen geben, etwa ihrem Interesse an zeitlicher Offenheit und Selbstbestimmung

Wie ließe es sich angehen, Kinderinteressen in Zeitpolitik einzubeziehen? Zunächst wird es darauf ankommen, Informationen zu beschaffen und zu analysieren, wie gegenwärtig im Alltagsleben von Kindern Zeit reglementiert oder frei gelassen ist, welche Weisen des Umgehens mit Zeit Kinder erfahren und welche von ihnen verlangt werden. Das sollte empirische Sozialforschung tun. Um Ziele und Entwürfe für künftige Entwicklungen zu machen, sollte darüber debattiert werden, was als Lebensqualität der Kinder anzustreben wäre. Die Kriterien dafür wären offen zu legen und kritisch zu reflektieren.

Kinder könnten ermuntert werden, ihre Partizipationsrechte direkt wahr zunehmen. Weil in Kinderparlamenten ältere Kinder sitzen, sind dort vor allem deren Interessen im Blick, also nicht die von betreuungsabhängigen jüngeren. Hier müssten Erwachsene die Kinder wohl erst darauf stoßen, dass der Zusammenhang ihrer Zeitorganisation und der ihrer Eltern letztlich kein privates, sondern ein gesellschaftspolitisches Problem ist. Auch zur Zeitorganisation des Schulalltags haben Kinder kritische Meinungen, die sie geltend machen sollten, wenn jetzt Ganztagsschulen ausgebaut und Unterrichtsformen neu organisiert werden.

Ellen Kirner*

Wie es einer Gesellschaft gelang, sich eine bessere Zeitordnung zu schaffen.

Ein Märchen

Es war einmal ein Land Bontemps, das trug seinen Namen zu Unrecht. Die meisten seiner Bewohnerinnen und Bewohner waren unzufrieden – mit der Zeit. Viele hatten zu wenig davon, vielen war vor lauter Zeitnot gar nicht bewusst, dass sie nur der Zeit hinterher hechelten und kaum etwas von ihrem Leben hatten. Andere wiederum litten unter langer Weile. Nicht wenige wurden sogar krank an Leib oder Seele, weil man ihnen keine Zeit für ein gesundes Heranwachsen und Leben gelassen hatte.

Ein ZEITRAT entsteht

Es gab aber eine Gruppe von Menschen in Bontemps – nennen wir sie „Zeitpolitikwissenschaftler" –, die beobachteten das alles, schrieben viele Texte über diese Missstände und berichteten auch im Rundfunk und im Fernsehen darüber. Das weckte die Aufmerksamkeit einiger kluger Politikerinnen und Politiker. Sie hatten auch alle Beiträge im Buch ZEIT FÜR ZEITPOLITIK gelesen und sahen ein: „Unser Wohlstand an materiellen Gütern nutzt uns wenig, wenn wir die Zeit, die wir doch alle gemeinsam nur einmal haben, nicht gut genug verwenden. Wir wollen das besser machen." Sie setzten sich mit den Zeitpolitikwissenschaftler/innen zusammen und berieten:

„Wir müssen etwas tun", sagten die Regierungsvertreter, „unsere Wähler sind unzufrieden, unser Land nimmt Schaden. Unsere Eliten sind ausgelaugt von der Hetze, sie sind nicht mehr kreativ, das schadet der Wirtschaft und unserem Ruf als Kulturnation. Was bringt es uns, wenn unsere besten Arbeiter und Angestellten Überstunden über Überstunden leisten müssen, schon mit 55 Jahren erwerbsunfähig werden und all' ihr Wissen und Können mit in

* Wirtschaftswissenschaftlerin in Berlin.

die Frührente nehmen? Was das dann alles kostet: Die Behandlung von Krankheiten und Depressionen – und die vielen jungen Rentner! Es werden auch zu wenige Kinder geboren, die später dazu beitragen, den Aufwand für Gesundheits- oder Pflegeleistungen und die Renten zu bezahlen. Unsere jungen Männer finden vor lauter Mangel an Freizeit mitunter keine Partnerinnen für die Familiengründung, Frauen wagen es nicht, Kinder zu bekommen, aus Angst, neben ihrem Beruf zu wenig Zeit für die Kleinen zu haben. Es ist nicht recht zu begreifen, dass der eine Teil unserer Bevölkerung neben der Arbeit kaum noch Zeit für das sonstige Leben hat und der andere Teil arbeitslos ist oder zu früh in den Ruhestand geschickt wird. Aber wir müssen ja akzeptieren, was uns die Unternehmer und die vielen, jetzt modernen Wirtschaftswissenschaftler erklären: Das müsse alles so sein, sonst könne unsere Wirtschaft nicht auf dem Weltmarkt bestehen, und dann gäbe es noch mehr Arbeitslose."

Niemand wusste einen Ausweg aus diesem Dilemma, und – wie das in solchen Fällen so üblich ist – es wurde beschlossen, eine Kommission zu berufen. Sie sollte „ZEITRAT" heißen und völlig anders zusammengesetzt werden als frühere Beratungsgremien. „Denn was nutzt es uns", gab ein kluger Politiker zu bedenken, „wenn wir auch diese Kommission wieder mit den Vertretern der politischen Parteien, der Gewerkschaften und der Arbeitgeberverbände besetzen? Da kämen Leute in Spitzenpositionen, also fast nur Männer, die ihre zumeist schon lange Lebenszeit fast ausschließlich mit ihrer Berufskarriere verbracht haben, wenig über die Zeitmissstände im Alltag der anderen Menschen wissen und sich aufgrund ihrer einander widerstreitenden Gruppeninteressen nie einigen können. Solche Kommissionen sind nicht geeignet, die Gründe für unsere Misere zu erkennen und Auswege zu weisen."

Das leuchtete allen ein, und gemeinsam mit den Zeitpolitikwissenschaftlern beschlossen die Politiker, in den ZEITRAT stattdessen die von den Problemen betroffenen Menschen zu berufen. Auf der Grundlage der Erfahrungen Einzelner konnte man selbstverständlich keine für die Gesellschaft angemessene Lösung finden. Aber welche Kriterien waren geeignet, um die wichtigsten Gruppen von Betroffenen zu erfassen? Schließlich fand man ein System für die Auswahl.

Das System beruhte auf dem Grundgedanken, dass die Menge der Zeit, die wir für uns selbst brauchen und nach eigener Wahl verwenden möchten, wesentlich von der Lebensphase abhängt, in der wir uns befinden, vom Alter also: Kinder brauchen viel Zeit, um für das Erwachsensein zu lernen, Jugendliche müssen Zeit für eine Berufsausbildung haben, und auch zur Familiengründung braucht man Zeit zur richtigen Zeit. Dies alles können wir kaum auf später verschieben. Auch die Gesellschaft leidet Schaden, wenn man den Menschen in diesen Phasen ihre Zeit nicht lässt. Nach dem Erwachsenwerden müssen wir unsere Zeit nutzen, um unseren Beruf auszufüllen und an anderen wichtigen Bereichen – dem gesellschaftlichen und kulturellen Leben – teilzunehmen. Aber in eben diesem frühen Erwachsenenalter können und wollen die meisten Frauen Kinder gebären, und sie können das nicht verschieben auf die Zeit nach der Berufskarriere, auf das Alter, wenn die Gesellschaft den Menschen Zeit gewährt für den Ruhestand.

Alle waren sich darüber einig, dass die Betroffenheit von Zeitproblemen also wesentlich vom Alter und vom Geschlecht abhängt. So wurde beschlossen, den ZEITRAT zum einen in der Weise zusammen zu setzen, dass dort die Altersgruppen zu gleichen Anteilen wie in der Bevölkerung vertreten sind. Zum anderen wurde bei der Auswahl berücksichtigt, dass es unterschiedliche Zeitzwänge für Männer und Frauen gibt. Weil in Bontemps, wie in fast allen anderen Ländern der Welt, das Kinder-Haben für berufstätige Frauen viel häufiger Zeitnot mit sich bringt als für Männer, sollte jede Altersgruppe zur Hälfte aus Frauen bestehen.

Außerdem wurden noch andere, von Zeitproblemen betroffene Gruppen ausgewählt, z. B.: Abhängig Beschäftigte, Arbeitslose, Hausfrauen und Hausmänner, Pflegebedürftige; ferner Berufstätige mit einer Arbeit, die aus öffentlichen Kassen finanziert wird und aus „Dienstleistungen" für die Betreuung und Bildung sowie Gesundheit und Pflege der Menschen besteht. Schließlich sollten auch diejenigen vertreten sein, die über gesellschaftliche Zeitstrukturen bestimmen, insbesondere Unternehmer, aber auch die Manager öffentlicher Verkehrsbetriebe und sonstiger Behörden.

Nachdem vom Statistischen Hauptamt in Bontemps sichergestellt worden war, dass alle Gruppen der Zahl nach angemessen vertreten wurden, ernannte die Regierung die Mitglieder des ZEITRATS. Die Zeitpolitikwissenschaftler gehörten außerdem dazu. Auch Vertreter und Vertreterinnen der Kirchen und des Verfassungsgerichts wurden berufen, weil sie den Grundsätzen der Menschlichkeit und der Gerechtigkeit verpflichtet waren. Der Rat begann seine Tätigkeit.

Aus der Diskussion im ZEITRAT

Die Diskussion begann mit großen Worten: „Die Verwendung unserer Zeit wird weitgehend von Macht bestimmt: Die Macht der Unternehmen, der Politik, die wiederum von der öffentlichen Meinung und damit von den Medien beeinflusst wird, die Macht der Tradition und des Unbewussten. Die einzelnen Menschen können dagegen kaum etwas ausrichten, auch wenn sie Gruppen und Netze bilden. Im Konfliktfall sind sie zu schwach, um Zeitstrukturen wie die der Erwerbsarbeit, der traditionellen Arbeitsteilung zwischen den Geschlechtern oder die öffentlichen Zeittakte zu verändern. Aber wo Macht unser Leben ernsthaft beeinträchtigt, müssen wir ihr Macht entgegensetzen. Das kann nur der Staat, und dies auch nur dann, wenn neue Gesetze gemacht, alte verändert werden und es Sanktionen für Unrecht gibt." Einige Zeitpolitikwissenschaftler waren entsetzt. „Wie können wir Zeitwohlstand durch Staatsmacht gewinnen? Wollt Ihr etwa Überstunden durch die Polizei verhindern und Männer unter Androhung von Strafen zur Betreuung ihrer kleinen Kinder oder alter Pflegebedürftiger zwingen? Zeitwohlstand heißt doch gerade: Freiheit in der Zeitverwendung und nicht Regulierung durch staatliche Vorschriften!"

„Oh", sagten die Frauen, „wo bleibt denn unsere Freiheit, wenn die Männer sich weigern, einen größeren Teil der Familienarbeit zu übernehmen? Wir können doch die Kinder und die Pflegebedürftigen nicht einfach im Stich lassen!" „Sind *wir* denn frei, einfach nach Hause zu gehen, wenn Chef oder Arbeitssituation Überstunden erzwingen?", fragten die Männer. Die Personalchefs machten deutlich, dass auch sie nicht frei über die Arbeitszeiten – ihre eigenen und die ihrer Beschäftigten – bestimmen könnten. „Wir müssen uns und die Belegschaft auspowern, sonst macht uns der Wettbewerb kaputt." Die Arbeitslosen und die unfreiwilligen Frührentner saßen nur da und hoben die Hand – allen war klar, dass für die meisten von ihnen die Möglichkeit zum eigenen Broterwerb wichtiger wäre als die gewonnene freie Zeit.

Die Politiker warfen ein, dass sie kaum Spielraum für große Verbesserungen hätten, weil sie ja Rücksicht auf die Wirtschaft nehmen müssten. Bontemps war nicht das Schlaraffenland. Deshalb brauche man doch Arbeitsplätze, die den Menschen Einkommen für den Lebensunterhalt und dem Staat Steuern und Sozialbeiträge brachten. Wie sollte man denn zum Beispiel bessere Kindergärten und mehr Zeit für Pflege- oder Lehrkräfte bezahlen, wenn in den öffentlichen Kassen nicht genug Geld ist?

Die Regierungsvertreter wollten aber auch wiedergewählt werden, sie hatten in der Diskussion erfahren, wie unbefriedigend die Bevölkerung die Zeitzustände fand. Schon an der letzten Wahl hatten sich viel zu wenige Bürgerinnen und Bürger beteiligt, und die Regierung hoffte, dass sich die Verhältnisse verbessern ließen. So ermunterte sie die Mitglieder des ZEITRATS, nach Wegen zur Erhöhung der gesellschaftlichen (Zeit-)Wohlfahrt zu suchen. Sie erklärte, dass ihnen Instrumente zur Verfügung stünden, die der Staat zu diesem Zweck einsetzen könnte: Er hatte z. B. die Möglichkeit, die Öffentlichkeit aufzuklären, das Bildungssystem zu beeinflussen und konnte versuchen, dazu beizutragen, dass sich die Rechtsordnung im Land verändert. Die jüngste Rechtsprechung des Europäischen Gerichtshofs, nach der die überlangen Arbeitszeiten der Ärzte in Krankenhäusern künftig nicht mehr erlaubt sein sollten, zeige doch, wie sich beispielsweise die Arbeitszeitordnung ganz konkret auf den Alltag der Menschen auswirke.

Die Diskussion im ZEITRAT entwickelte sich besser als selbst von Optimisten erwartet worden war. Selbstverständlich stritten die Mitglieder kräftig miteinander. Es ging bei dem Streit um viele Fragen, die auch in diesem Buch behandelt werden, etwa die zu den lebens-unfreundlichen Zeitstrukturen in den Städten oder die Aufteilung von Familienarbeitszeiten zwischen Männern und Frauen. Die Meinungen verschiedener Gruppen standen mitunter anscheinend unvereinbar gegenüber. Aber dadurch, dass die Betroffenen von ihren Zeitnöten berichteten und selbst Vorschläge zur Änderung der Verhältnisse machten, wuchs auch das Verständnis für die jeweils andere Seite und die Bereitschaft, gemeinsame Lösungen zu finden. So wünschten sich viele Arbeitnehmer/innen mehr selbstbestimmte Zeit, was den Interessen der Unternehmen widersprach, über die Zeit ihrer Arbeitskräfte nach den Prinzipien der Gewinnmaximierung möglichst vollständig zu verfügen. Doch es äußerten sich auch Personalchefs, die gute und beste Erfahrungen mit arbeitnehmerfreundlichen Regelungen über Teilzeitarbeit und alle möglichen Formen der Arbeitszeitflexibilisierung gemacht hatten. Einigen Managern wurde sogar bewusst, wie traurig es für sie selbst oft ist, nie recht Zeit für ihre Familie zu haben und im Theater abends mit dem Schlaf kämpfen zu müssen.

Es schälten sich wichtige Argumente heraus. Eine alte Frau brachte eines auf den Punkt: „In meinem Leben ist das Zeit-Haben ganz falsch verteilt gewesen. Ich hätte die Zeit, die ich jetzt zu viel habe, gebraucht als meine Kinder klein waren und ich einen aufreibenden Beruf hatte.“ Ein Arbeitsloser berichtete, dass er seine Stellung verlor, weil er vor lauter Arbeit nie dazu gekommen war, sich fortzubilden und seine Fähigkeiten an die neuen Anforderungen im Betrieb anzupassen. Und ein Altenpfleger erzählte, dass er seinen Beruf wechseln müsse, obwohl er ihn liebe, weil er sich vollkommen ausgebrannt fühle. – Diese und ähnliche Berichte führten zu der Einsicht, dass sich das wichtige Organisationsprinzip einer guten Zeiteinteilung nicht nur, wie üblich, auf Tage, Wochen oder allenfalls wenige Jahre beziehen dürfe. „Sondern wir brauchen eine gute Zeiteinteilung auch über die Spanne unseres Lebenslaufs hinweg", fasste ein Zeitpolitikwissenschaftler zusammen. Der erwachsene, arbeitsfähige Mensch solle seine Zeit nicht immer überwiegend nur mit Erwerbsarbeit ausfüllen müssen, sondern es solle auch solche Phasen geben, die frei vom Zwang zum Broterwerb sind.

Alle fanden es richtig, dass es solche Auszeiten zumindest für die berufliche (Weiter-) Bildung, Zeit für kleine Kinder oder für andere dringende Sorge-Arbeiten geben müsse.

Aber wovon sollten die Menschen in diesen erwerbsarbeitsfreien Zeiten leben? Allen war klar, dass der Staat mit seinen vielen Schulden keine zusätzlichen Leistungen nach der Art der Renten oder des deutschen Erziehungsgeldes zahlen konnte. Die Unternehmer winkten auch gleich ab. Deshalb kamen die Mitglieder des ZEITRATS auf die Idee, dass man einen ZEITFONDS bilden könne, in den alle – Selbständige und Arbeitnehmer/innen – während ihrer Erwerbsjahre einen Beitrag einzahlen und dafür in den „Ruhephasen" ein Recht auf ein Ersatzeinkommen erhalten. Es war klar: je länger die Auszeiten sein würden, die jede und jeder nehmen dürfte, desto mehr müssten sie aus ihren Erwerbseinkommen in den ZEITFONDS einzahlen.

„Ich soll noch Beiträge für einen ZEITFONDS leisten? Schon jetzt muss ich fast die Hälfte meines Bruttogehalts für Steuern und die Sozialversicherung abgeben", jammerte ein unverheirateter Angestellter, der 50 Stunden in der Woche arbeitete, „dann kann ich meine Putzfrau nicht mehr bezahlen und habe überhaupt kaum noch Freizeit." Die Politiker, Arbeitszeitforscher und Ärzte beschwichtigten: Vermutlich könnten ja die heutigen Abgaben gesenkt werden. Wenn viele Beschäftigte ihre Erwerbsarbeit für längere Zeit unterbrechen oder einschränken und im Durchschnitt täglich kürzer arbeiten, fänden mehr Arbeitslose Jobs. Natürlich könne der arbeitslose Maurer nicht den höheren Angestellten im Sabbatjahr ersetzen. Aber letztlich müssten die Unternehmen doch Stellvertreter/innen für die beurlaubten Arbeitskräfte finden; über eine lange Kette von Arbeitsmarktbewegungen würde dies schließlich doch zur Verminderung der ungewollten Erwerbslosigkeit und damit der Arbeitslosenbeiträge führen. Auch die Beiträge für die Krankenkassen könnten sinken, wenn die Erwerbstätigen nicht mehr so viel Stress hätten und nicht so häufig krank würden.

Die Politiker und Politikerinnen meinten, man könne ja auch spezielle Steuererleichterungen und die Befreiung nicht erwerbstätiger Ehepartner/innen von der Beitragspflicht in der Sozialversicherung abschaffen, dies brächte ebenfalls Spielraum für die Senkung der durchschnittlichen Abgaben. – Ein Geraune war daraufhin von den Verfassungsrechtlern zu hören, die fanden, dass das Grundgesetz eine Förderung der Ehe verlange.[1] Doch die verheirateten Frauen verwiesen darauf, dass damit doch nur die (Haus-)Arbeitszeit bei der traditionellen Einverdiener-Ehe belohnt würde. Eine solche Ungleichbehandlung von berufstätigen und nicht berufstätigen Frauen sei doch überhaupt nicht mit dem Verfassungsrecht vereinbar und verstöße insbesondere gegen das Gebot, dass der Staat auf die Beseitigung der bestehenden Nachteile der Frauen auf dem Arbeitsmarkt hinwirken müsse. – Eine gewisse Befreiung von der Erwerbsarbeit, um mehr Zeit für die Kinder zu gewinnen, wünschten sich die Frauen jedoch, und sie waren sehr dafür, in den Familienzeiten ein eigenes Einkommen aus dem ZEITFONDS zu bekommen. Allerdings sollten solche Pausen unbedingt auch verpflichtend für die Väter sein, denn sonst müssten die Mütter ja doch wieder die Familienarbeit fast allein machen.

Die Mitglieder des Rats behandelten noch viele weitere Fragen. Sie konnten keineswegs Lösungen für alle Probleme finden. Beispielsweise sollte die Zeitnot von professionellen Arbeitskräften in der Altenpflege und auch das Problem des Zeitbedarfs für die Pflege erwachsener Pflegebedürftiger in der Familie Gegenstand späterer Beratungen werden. Denn diese Fragen hingen mit der generellen Finanzmisere in der Sozialversicherung zusammen und bedurften einer weiteren, grundsätzlichen Diskussion.

Nachdem die Mitglieder lange über erste, grundlegende Schritte diskutiert hatten, beschlossen sie schließlich ein Regelwerk, das sie „ZEITPLAN" nannten.

---

1 In Bontemps war das Verfassungsrecht ähnlich wie in der BRD.

Der ZEITPLAN

Der Plan, der hier nur in seinen Grundzügen skizziert werden kann, nahm Ideen und Grundgedanken aus dem Buch ZEIT FÜR ZEITPOLITIK auf. Er enthielt im wesentlichen folgende Elemente:

Öffentlichkeitsarbeit, Erziehung und Pädagogik

werden darauf ausgerichtet, die Ziele der Zeitpolitik in der Gesellschaft bewusst zu machen und zur Umsetzung dieser Ziele beizutragen.

Die Rundfunk- und Fernsehanstalten strahlen zu den besten Sendezeiten gut aufgemachte Beiträge über Zeitmissstände und über Wege zum besseren Umgang mit der Zeit sowie zur Aufklärung über die notwendigen gesetzlichen Änderungen aus.

Die Erwachsenenbildung, insbesondere auch die für Eltern, professionelle Kinderbetreuungs- und -erziehungskräfte wird entsprechend ausgerichtet.

In Kindergärten und Schulen lernen Kinder und Jugendliche, gut mit der Zeit umzugehen. Dazu gehört es auch, die kreativen und künstlerischen Fähigkeiten wieder mehr zu fördern.

Ordnung der Tages- und Wochenarbeitszeit

Das Arbeitszeitrecht wird verändert. Insbesondere werden Überstunden nur noch in Ausnahmefällen zugelassen und können dann nur noch in der Form von zusätzlicher Freizeit und nicht durch Geldlohn abgegolten werden. Die Obergrenze für die zulässige Wochenarbeitszeit wird gesenkt. Es gibt einen verbindlichen Zeitkorridor für die tägliche und wöchentliche Arbeitszeit. Außerhalb seiner Grenzen ist „Feierabend oder –tag“, damit es Allen möglich bleibt oder wieder möglich wird, Zeiten außerhalb der Berufswelt gemeinsam zu verbringen, also Zeit für die Familie, für andere menschliche Beziehungen und für die Teilhabe an gesellschaftlichen sowie kulturellen Veranstaltungen frei zu halten.

Nachtruhe

Jegliche Ausnahmen von Regelungen zum Schutz vor Lärm in der Nacht werden außer Kraft gesetzt, es sei denn, die Ausnahmen sind – wie bei Einsätzen von Notärzten oder Feuerwehr – bei Notfällen oder Katastrophen erforderlich.

Lokale Zeiten

Die staatlichen Instanzen fördern Ausbau oder Aufbau kommunaler „Zeitmärkte" z. B. durch die Bereitstellung von Räumen und Fachkräften, auch finanzieller Starthilfen. Auf den Zeitmärkten können Anbieter lokaler, gesellschaftlich wichtiger Zeiten (beispielsweise der Verkehrsbetriebe, der Zugänglichkeit von Läden- oder Behörden) mit den Betroffenen optimale Lösungen der Zeitstrukturen aushandeln.

Ordnung der Lebensarbeitszeit und ZEITFONDS

Im Grundsatz sind alle erwerbsfähigen Erwachsenen im Land Bontemps verpflichtet und berechtigt, ihren Lebensunterhalt selbst zu erarbeiten. Zusätzlich zu den bereits bestehenden Ausnahmen von dieser Regel (z. B. bei unfreiwilliger Arbeitslosigkeit und Urlaub) wird jedoch das Recht eingeführt, im Lebenslauf während der Zeitspanne zwischen Erstausbildung und Rentenalter die Erwerbsarbeit für bestimmte Phasen – die „Erwerbsarbeitsfrei-Zeiten" – einzuschränken oder zu unterbrechen. Diese werden in Jahren der normalen Vollarbeitszeit bemessen und in der Form eines Zeitkontos gewährt, d. h., ein Jahr der Auszeit kann auch in Kombination mit Teilzeitarbeit auf mehrere Kalenderjahre verteilt werden.

Während der geförderten erwerbsarbeitsfreien Zeiten erhalten die Berechtigten einen Ersatz für das Erwerbseinkommen aus dem ZEITFONDS. Der Fonds wird durch die Beitragszahlungen finanziert, zu denen alle Erwerbstätigen verpflichtet sind. Aus öffentlichen Kassen soll möglichst ein Zuschuss zum Fonds gezahlt werden.

Folgende erwerbsarbeitsfreie Zeiten werden gefördert:

Elternzeiten für die Betreuung kleiner Kinder. Väter und Mütter erhalten je einen Anspruch auf eineinhalb Jahre pro Kind. Das Recht zur Inanspruchnahme ist individuell, d. h. es bezieht sich nicht auf das Elternpaar (das zusammen ja drei Jahre Elternzeit zur Verfügung hat), sondern der eigene Anspruch auf die Elternzeit darf im Normalfall nicht auf den Partner oder die Partnerin übertragen werden.

Fortbildungszeiten oder Sabbatjahr. Diese Erwerbsarbeitsfrei-Zeiten sollen in der Regel, für Personen mit einer abgeschlossenen Berufsausbildung, für ein Jahr gewährt werden. War die (Erst-)Ausbildung sehr kurz und/oder unvollständig, kann die Erwerbsarbeitsfrei-Zeit um ein Jahr verlängert werden.

Sonderurlaub bei hoch belastender Erwerbsarbeit soll für Berufsgruppen eingeführt werden, bei denen – wie in der Altenpflege – das Burnout-Syndrom (eine psychische Folge von Überlastung) überdurchschnittlich häufig auftritt.

Der ZEITPLAN, der hier nur kurz beschrieben werden konnte, enthält viele Details, auch solche, die den Juristen und Politikern Kopfzerbrechen bereiteten (z. B. das Recht zur Rückkehr auf den Arbeitsplatz nach Unterbrechungen der Erwerbsarbeitszeiten). Er wurde in der Öffentlichkeit ausführlich diskutiert, denn die Vertreter/innen der Medien, die sein Zustandekommen stets verfolgt hatten, machten ihn zu einem großen Zeitthema. Schließlich wurde er dem Parlament zur Abstimmung vorgelegt, nachdem gesetzlich festgelegt worden war, dass der ZEITRAT selbst Gesetzesvorlagen einreichen konnte.

Der Gesetzentwurf wurde – natürlich nach großen Debatten im Parlament – angenommen. Dieses überraschende Ergebnis kam im wesentlichen dadurch zustande, dass die neue Zeitordnung dazu gemacht worden war, Probleme zu lösen, von denen auch die Parlamentarier – über die Parteigrenzen hinweg – selbst betroffen waren oder deren gesellschaftliches Gewicht sie erkannten.

Der Schluss des Märchens

Nach der Einführung des ZEITPLANS wurden auch alle Gesetze und Verordnungen in den verschiedensten, nicht direkt davon betroffenen Bereichen an dem Ziel ausgerichtet, den Zeitwohlstand in Bontemps zu fördern. Das Verfassungsgericht wachte darüber, dass das Grundrecht auf genug selbstbestimmte Zeit für alle Bürgerinnen und Bürger, das nach der nun herrschenden Meinung aus dem Grundgesetz abzuleiten war,[2] durch die Rechtsordnung nicht verletzt wurde. Die Bewohner von Bontemps lernten mit der Zeit, ihre Zeit besser zu nutzen. Das früher herrschende Leitbild 'Zeit ist Geld' wich der Überzeugung, dass die Zeit nicht vornehmlich zum Geldverdienen und zur Reproduktion der Arbeitskraft da ist, sondern auch für dic

2 Das Grundgesetz für Bontemps enthielt einen Artikel, der den gleichen Wortlaut wie Artikel 2 Absatz 1 Grundgesetz für die BRD hat. Er lautet: „Jeder hat das Recht auf die freie Entfaltung seiner Persönlichkeit, soweit er nicht die Rechte anderer verletzt und nicht gegen die verfassungsmäßige Ordnung oder das Sittengesetz verstößt.“ Es war die Meinung vorherrschend geworden, dass sich die Persönlichkeit nur dann frei entfalten kann, wenn dafür genug Zeit zur Verfügung steht.

anderen Lebensbereiche. Die Gewerkschaften fanden wieder breitere Unterstützung in ihrem Kampf darum, dass die gesellschaftlichen Produktivitätssteigerungen in der Form allgemeiner Verkürzungen der Arbeitszeit weitergegeben wurden. Das war für die Wirtschaft und den materiellen Wohlstand nicht schädlich. Im Gegenteil. Viele Menschen bewältigten ihre Berufsarbeit besser als früher, weil sie mehr Muße hatten. Sie nutzten die gewonnene Zeit für die Familie, das kulturelle und gesellige Leben, das bürgerschaftliche Engagement und viele weitere Dinge, die ihr Leben erfüllten.

Das Land Bontemps trug schließlich seinen Namen zu Recht. Und wenn sie nicht gestorben sind, leben die Menschen dort noch immer glücklich und zufrieden. Andere Länder könnten von Bontemps lernen, wie es einer Gesellschaft gelingt, sich eine bessere Zeitordnung zu schaffen.

Deutsche Gesellschaft für Zeitpolitik

Am 27. Oktober 2002 wurde in Berlin die „Deutsche Gesellschaft für Zeitpolitik“ (DGfZP) gegründet. Sie hat das Ziel, zu lebensfreundlichem Ausgleich zwischen Be- und Entschleunigung, zur Nachhaltigkeit von Alltagszeiten beizutragen, sie entwirft Modelle von individueller und kollektiver Zeit-Souveränität. Sie möchte Zukunftsfähigkeit befördern, schlägt Spiel-Räume für vertiefende Analysearbeit und Zieldebatten vor und macht alternative zeitpolitische Gestaltungsvorschläge.

Gründungsmitglieder der „Gesellschaft für Zeitpolitik“ sind prominente Wissenschaftler/-innen aus zahlreichen sozial- und naturwissenschaftlichen Fachgebieten, die sich mit Zeitpolitik und Zeitforschung beschäftigen, sowie an wissenschaftlichen Erkenntnissen interessierte Personen aus Zivilgesellschaft, Kirchen, Wirtschaft und Politik aus Deutschland und den Nachbarländern. Kontakte bestehen zu zeitpolitischen Forschungszentren und Gestaltungsprojekten in Europa - so zu „Pianoforte“ und dem „LabSat“ in Italien, „Zeit und Mensch AG“ in der Schweiz und der europäischen Assoziation „Excellence Territoriale en Europe“ in Paris.

Zeit ordnet - ordnet unseren Alltag, unseren Lebenslauf, unsere Gesellschaft. Alles ist zeitlich, es gibt nichts, das außerhalb der **Zeit** wahrgenommen werden kann. Auch politische Entscheidungen haben direkte und indirekte Folgen für die **Zeit**ordnung, in der wir uns bewegen. Sie beeinflussen die Organisation von Arbeit und Nichtarbeit, die **Zeit**en, die wir allein oder mit anderen verbringen, die Möglichkeiten zu kommunizieren und zum Besuch kultureller Veranstaltungen, den Alltag von Familien und Alleinlebenden. Nicht zuletzt beeinflussen politische Entscheidungen häufig unseren **zeit**lichen Umgang mit der Natur des Menschen und seiner Umwelt. Die Zunahme von Naturkatastrophen, die gravierenden Veränderungen bei den Arbeits**zeit**regelungen, der tiefgreifende Wandel von der Industrie- zur kommunikationsgestützten Dienstleistungsgesellschaft, die Entwicklung unserer urbanen Lebens- und Umweltqualität, die steigende Mobilität, die neuen Energiebedarfe und deren Beschaffungsform - all dies sind politisch relevante Aktionsfelder, die auch **Zeit** je neu ordnen.

Bislang ist die **Zeit**relevanz politischer Entscheidungen meist unbeachtet oder nachrangig geblieben. Dies zu ändern, ist Absicht der Gründer/-innen der *Deutschen Gesellschaft für* ***Zeit****politik*. Wir wollen dazu beitragen, dass **Zeit** politikrelevant wird. Wir werden Fragen, Analysen und Empfehlungen vorlegen zu einer gerechteren **Zeit**ordnung, zur Förderung von größerem **Zeit**wohlstand, zu einer **Zeit**kultur der Toleranz und Vielfalt und zur Berücksichtigung der Naturverträglichkeit in gesellschaftlichen **Zeit**ordnungen.

Die *Deutsche Gesellschaft für **Zeit**politik* bringt sich als Akteurin und Partnerin mit fundierten Zielvorstellungen in den öffentlichen Diskurs ein. Sie initiiert Projekte und Kampagnen zur **Zeit**politik. Sie wird auf diese Weise einen Beitrag dazu leisten, dass es nicht zu einer Spaltung der Gesellschaft in „Herrscher" über **Zeit**-Strukturen der Menschen und „Opfer" dieser Strukturen kommt: Bei der **Zeit**-Praxis der Menschen soll es weder Diktatur noch Anarchie geben.
Die *Deutsche Gesellschaft für **Zeit**politik* bündelt interdisziplinär und international die Kompetenz und Arbeitsergebnisse aus der Forschung über die **Zeit**-Thematik – aus den Gebieten der Ökonomie, Ökologie, Rechtswissenschaft, Soziologie, **Zeit**- und Alltagsforschung, Arbeitswissenschaft, Frauen- und Familienforschung, Bildungspolitik, Medizin, Stadtplanung und Politikwissenschaften.

Die Arbeitsformen der *Deutschen Gesellschaft für Zeitpolitik*:

- Analysen, Tagungen und Zieldebatten zu zeitbezogenen, Politik und Gesellschaft betreffenden Themen
- Initiierung von zeitbezogenen Projekten und Kampagnen
- Errichtung einer Kompetenzdatenbank von Zeitexpert/-innen verschiedener Disziplinen
- Publikation des Zeitpolitischen Magazins
- Forschungsförderung auf dem Gebiet der Zeitpolitik
- Zeitpolitische Beratung gesellschaftlicher, wirtschaftlicher und politischer Akteur/-innen
- Preisvergabe an junge Wissenschaftler/-innen
- Herausgabe von einschlägigen Dokumentationen.

Deutsche Gesellschaft für Zeitpolitik

Der geschäftsführende Vorstand:

Prof. Dr. Ulrich Mückenberger, Hamburg
Dr. Jürgen P. Rinderspacher, Bochum
Dr. Helga Zeiher, Berlin
Prof. Dr. Karlheinz A. Geißler, München

Der beratende Vorstand:

Uwe Becker
Prof. Dr. Christel Eckart
Martina Heitkötter
Prof. Dr. Dietrich Henckel
Prof. Dr. Maria-Eleonora Karsten
Dr. Christiane Müller-Wichmann

Tagungsberatung:

Klaus Heienbrok

Redaktion des Zeitpolitischen Magazins:

c/o Martina Heitkötter
ZeitpolitMagazin@aol.com

Geschäftsstelle:

Marion Fabian
Dominicusstraße 50, 10827 Berlin
Telefon/Fax: 030/280 94 942
eMail: marionfabian@zeitpolitik.de
www.zeitpolitik.de

Bankverbindung:

Marion Fabian Sonderkonto
Deutsche Gesellschaft für Zeitpolitik
Commerzbank Berlin
Konto Nr. 151 280 501
BLZ 100 400 00

Der Jahres-Mitgliedsbeitrag beläuft sich auf: 75,- EUR, ermäßigt 40,- EUR
Anträge auf Mitgliedschaft erhalten Sie bei unserer Geschäftsstelle.

Die Reinemachfrau von Prof. X – die dessen Zeitmaschine
für einen Wäschetrockner gehalten hat.

Anzeige

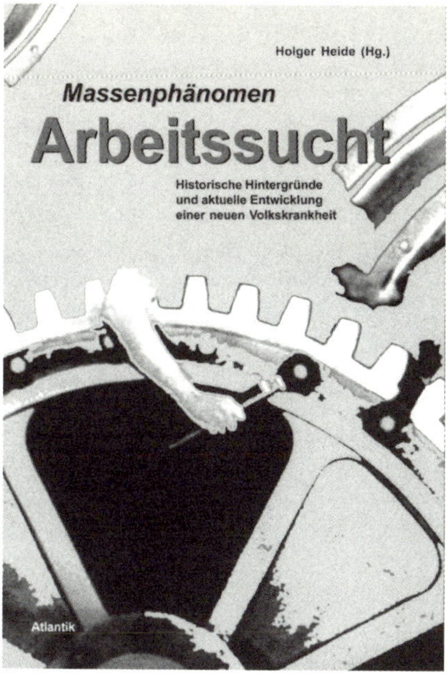

Holger Heide (Hg.)

Massenphänomen

Arbeitssucht

Hintergründe und Bedeutung einer neuen Volkskrankheit

Br., 300 Seiten, 15,00 EUR

ISBN 3-926529-36-9

Was ist Arbeitssucht? Wie entsteht sie und was sind ihre historischen Bedingungen? Wie und warum wird sie zum Massenphänomen? Gibt es geschlechtsspezifische Unterschiede? Welche rechtlichen Grundlagen existieren für den Umgang mit Arbeitssucht als Berufskrankheit? Welche Auswege sind möglich?

In diesem Band belegen Ökonomen, Historiker, Psychologen, Gewerkschafter, Suchtbeauftragte u.a.: Arbeitssucht ist ein Produkt der historischen Entwicklung der Arbeitsgesellschaft.

Beiträge von Holger Heide, Karl-Heinz Roth, Sergio Bologna, Sabine Wolf u.a.

Mehr Informationen über unsere Bücher:

www.atlantik-verlag.de

Alle Bücher erhalten Sie direkt beim Verlag oder in Ihrer Buchhandlung.